CORRIGÉ

DE LA CACOGRAPHIE.

CACOGRAPHIE, ou Exercices sur l'art d'écrire selon les règles de l'orthographe, contenant des phrases dans lesquelles on a violé à dessein l'orthographe, les règles de la grammaire et les lois de la ponctuation, avec de nombreux exercices sur les participes, par *J. F. Boinvilliers* : 20ᵉ édition ; *in*-12.

Corrigé de la même, ou Orthographie, etc.; *in*-12.

CACOLOGIE, ou Recueil de locutions vicieuses, mises sous les yeux des enfants, afin qu'ils apprennent, en les corrigeant eux-mêmes, à parler et à écrire purement, etc., par *J. F. Boinvilliers* : 8ᵉ édition; *in*-12.

Corrigé de la même, ou Orthologie, etc., *in*-12.

PETIT VOCABULAIRE COMPARATIF DU BON ET DU MAUVAIS LANGAGE, ou les Locutions vicieuses corrigées; ouvrage contenant tous les vices de l'élocution et de la prononciation, etc., par *J. F. Boinvilliers;* in-16.

DICTIONNAIRE DES SYNONYMES DE LA LANGUE FRANÇAISE, contenant les synonymes de Girard, de Beauzée, de Duclos, de Roubaud, et d'autres écrivains modernes : nouvelle édition, revue, corrigée et augmentée d'un grand nombre d'articles et d'observations importantes, par *J. F. Boinvilliers;* 1 gros *in*-8°, de 900 pages.

ORTHOGRAPHIE,

CORRIGÉ

DE LA CACOGRAPHIE,

Par J. E. J. F. BOINVILLIERS.

NOUVELLE ÉDITION.

PARIS.

IMPRIMERIE ET LIBRAIRIE CLASSIQUES
DE JULES DELALAIN,

IMPRIMEUR DE L'UNIVERSITÉ ROYALE DE FRANCE,

RUE DES MATHURINS SAINT-JACQUES, 5.

M DCCC XLVI.

Tout contrefacteur ou débitant de contrefaçons de cet Ouvrage sera poursuivi conformément aux lois.

Toutes mes Éditions sont revêtues de ma griffe.

Jules Delaulage

EXTRAIT DE L'AVANT–PROPOS

DE LA DIXIÈME ÉDITION.

———•◦•———

Pour enseigner à parler purement, j'ai publié un cours pratique sous le titre de *Cacologie*, dans lequel j'ai recueilli les mauvaises locutions des écrivains les plus connus, afin qu'en les corrigeant avec soin, on apprenne à respecter les lois du langage. Pour enseigner à écrire correctement, j'ai rédigé le présent ouvrage sous le titre de *Cacographie*, dans lequel j'ai rassemblé à dessein toutes les fautes qu'on peut faire contre la manière d'écrire les mots, et celles qu'on fait réellement tous les jours contre les participes, afin qu'en démêlant la nature de ces fautes, on apprenne à les éviter soi-même en écrivant. La *Cacologie* est destinée spécialement aux personnes dont la profession est d'enseigner, ou que leurs talents appellent au barreau, à la chaire, à la tribune; mais la *Cacographie* est nécessaire à tout le monde indistinctement : elle convient non-seulement à ceux qui ignorent l'art indispensable d'écrire d'une manière correcte, et à qui cette connaissance de la langue écrite paraît devoir suffire, mais encore aux instituteurs, à qui il appartient essentiellement d'écrire d'une manière conforme aux principes de l'orthographe et de la ponctuation, et qui doivent exercer continuellement leurs élèves à l'application de ces mêmes principes. Mais si les instituteurs ne peuvent se dispenser de connaître les règles de l'orthographe, à plus forte raison les écrivains de profession sont-ils tenus de les savoir parfaitement. N'est-il pas fâcheux de rencontrer, par exemple, dans deux pièces de vers, agréablement écrites d'ailleurs, les fautes que je vais signaler ci-après?

« De ses excès passés ne pouvant que gémir,
Il fut longtemps en proie au plus cruel *martyr*.

« Et puis vous reveniez, et puis le chocolat;
Il était, s'entend, pour les belles :
Pour nous, bon vin, jambon ou *cervelat.* »

•*a*

Que dirait-on si je produisais encore ces vers de l'abbé Delille?

« Sur des outres *glissants* bondissaient dans les prés.

« Les maux n'en sortaient pas, l'espoir restait au *fonds*;
Autour, la douce erreur et les illusions. »

Et ceux-ci de l'auteur de la Henriade :

« Que lui reviendrait-il de ses *brutes* ouvrages ?

« L'argile, par mes mains autrefois *façonné*,
A produit sur mon front l'or qui l'a couronné. »

Quelques personnes, je le sais, ont demandé sérieusement si, pour enseigner l'art d'écrire selon les lois de l'orthographe, il est bien nécessaire de présenter aux étudiants des mots ridiculement écrits. Voici ma réponse. Le savant musicien Isménias avait coutume, au rapport de Plutarque, de faire entendre à ses disciples un homme qui jouait bien de la flûte, et un autre homme qui en jouait mal; mais il leur disait, en parlant du premier : *voici comme il faut jouer*; et de l'autre : *voilà comme il ne faut pas jouer.*

Quelques personnes se sont étonnées que j'aie mis sous les yeux des étudiants des mots français aussi mal écrits (je ne dirai pas *orthographiés*), par la raison, disent-elles, qu'un français n'écrit ou ne peut pas écrire d'une manière aussi incongrue. Que ces personnes se rassurent; sans parler des hommes du peuple et de ceux qui exercent des professions mécaniques, sans parler même des étrangers, une foule innombrable de gens qui non-seulement sont Français d'origine, mais encore occupent un rang dans la société, écrivent d'une manière aussi barbare que sont écrits les mots de la première partie de la *Cacographie*. Pour s'en convaincre, il suffit de jeter les yeux sur les phrases que j'ai produites à dessein dans cet ouvrage, et qui sont extraites textuellement de diverses lettres écrites par des commerçants, par des hommes de loi, par des officiers de santé, etc., etc.

INTRODUCTION.

PETIT TRAITÉ DES PARTICIPES.

Le Participe est un mot qui qualifie un substantif par l'idée d'une action ou d'un état : d'une action, comme *battant, caressant*, etc.; d'un état, comme *battu, caressé*, etc. Ce mot est appelé *Participe*, parce qu'il tient tantôt de la nature du verbe, comme « une mère battant ou caressant ses enfants; elle a battu ou caressé ses enfants; » et tantôt de la nature de l'adjectif, comme «cette mère est fort caressante, ses enfants sont extrêmement caressés, ils ne sont jamais battus. »

Il y a deux sortes de participes : le participe *Présent*, et le participe *Passé*. Le premier nous présente le substantif comme faisant l'action (*battant, caressant*); le second nous le présente comme souffrant l'action (*battu, caressé*).

PARTICIPE PRÉSENT.

Le participe présent du verbe *être* ne s'accorde jamais avec son substantif; c'est pourquoi l'on doit écrire : vos parents *étant* à la campagne, je n'irai pas les voir.

Le participe présent qui exprime une action, demeure aussi invariable. Exemples : Mes frères *ayant* sous les yeux de semblables modèles, ne *voulant* jamais s'écarter de la bonne route, *aimant* et *pratiquant* la justice, *ayant* toujours rempli leurs

devoirs, ne *briguant* que les suffrages des honnêtes gens, ne pourront jamais trahir la confiance
dont ils jouissent. Je me représentais ces femmes
toujours *grondant* leurs domestiques, ne *dormant*
jamais, *roulant* mille pensées diverses, *obéissant*
à leurs seuls caprices, et *rendant* malheureux tout
ce qui les entourait.

Le participe présent qui exprime une qualité,
un état, une situation, s'accorde avec le substantif
qui l'accompagne. Exemples : Cette femme est *obli-
geante*. Ces portraits sont *parlants*. Cette jeune personne était *tremblante*. Les plaisirs de ce monde
sont bien *séduisants*. Cette femme était *dominante*.
Les enfants ne sont pas toujours bien *caressants*.
La cour *séante* à Amiens (1). Les hommes *errants*
me sont suspects. Il se baignait dans des eaux *courantes*. Messieurs, vous n'êtes pas *consolants*. Cette
mère, nous l'avons toujours vue *pleurante*.

Observation. Quand un participe présent vous
laisse quelque doute sur sa nature, construisez-le
avec le verbe *être* ; s'il repousse le verbe *être*, il
reste invariable ; s'il l'admet, il prend les inflexions
du genre et du nombre. J'ai, par exemple, la
phrase suivante à écrire :

> On vendra la ferme *dépendant* (ou *dépendante*)
> du château.

Si je veux savoir lequel des deux mots je dois
employer, c'est-à-dire, si l'accord doit avoir lieu,
je m'interroge, et me demande si je puis dire « la
ferme qui *est* dépendante » ; or, comme le participe *dépendant* admet ici le verbe *être*, j'en conclus que je dois dire et écrire :

> On vendra la ferme dépendante du château.

---

(1) *Séant* exprime un état habituel de session.

Il n'en est pas de même de ce participe :

> La cour *siégeante* à Besançon est saisie de cette affaire grave.

On s'exprimerait peu convenablement si l'on disait « la Cour qui *est* siégeante à Besançon, etc. ; » ce participe repousse en quelque sorte le verbe *être* : d'où il suit qu'il vaut mieux dire : la Cour qui siége à Besançon ... ou la Cour siégeant à Besançon est saisie de cette affaire grave.

PARTICIPE PASSÉ.

I.

Le participe passé, quand il est seul, ou quand il est joint au verbe *être*, s'accorde toujours avec le substantif qui l'accompagne. Exemples :

> Des pleurs *répandus*.
> Des larmes *répandues*.
> Des hommes *avilis*.
> Des femmes *avilies*.
> Cette porte est *tombée*.
> Ces portes sont *tombées*.
> Cette muraille a été *peinte*.
> Ces murailles ont été *peintes*.
> Qu'est *devenue* cette reine du monde ?
> Que sont *devenus* tant de royaumes ?
> Une foule de soldats sont *accourus*.
> Un grand nombre de femmes sont *accourues*.
> La plupart des châteaux étaient *abandonnés*.
> La plupart des chaumières étaient *abandonnées*.

II.

Le participe passé joint au verbe *avoir*, reste invariable quand il n'a pas de complément direct, ou quand ce complément direct est placé après lui (1). Exemples :

---

(1) Un complément *direct* est le mot qui répond à l'in-

Nous avons *admiré*.

Vous avez *lu*.

Ils ont *plaint*.

Elles auraient *chanté*.

Elles ont *paru*.

Nous avons *admiré* ces tableaux.

Vous avez *lu* des romans.

Ils ont *plaint* ces infortunés.

Elles auraient *chanté* vos couplets.

Ils avaient *semblé* indifférents.

Elles ont *paru* bien prudentes.

Que tu as *répandu* d'eau !

Tant ils ont *apporté* de promptitude !

Que vous avez *remporté* de prix !

Combien j'ai *passé* d'années à Rome !

Tu nous as *causé* de grands chagrins.

Remarque. Il ne faut avoir égard ni au sujet du verbe, ni à son complément indirect; c'est pourquoi nous écrivons « elles ont *paru*, et non pas *parues*; tu nous as *causé*, et non pas *causés*, » quoique le pluriel féminin *elles* précède le verbe *ont paru*, et quoique le pluriel masculin *nous* précède le verbe *as causé*. *Elles* est sujet, dans la première

_____

terrogation *qui* ou *quoi*. Par exemple, vous me dites : *j'ai frappé*; je demande, *qui* avez-vous frappé ? Réponse : *un enfant*. *Qu'*avez-vous frappé ? Réponse : *le mur*. Ces deux mots *enfant* et *mur* sont compléments directs du verbe *frapper*.

Le complément *indirect* est le mot qui répond à l'interrogation *de qui* ou *à qui*, *de quoi* ou *à quoi*. Vous me dites : *j'ai reçu une lettre*; je demande, *de qui* l'avez-vous reçue ? Réponse : de *ma mère*; le mot *mère* est complément indirect du verbe *recevoir*. Si je dis : j'ai rendu une visite à mon ami; le mot *ami* est complément indirect du verbe *rendre*. Si je dis : je vous accuse *de mauvaise foi*; le mot *foi* est complément indirect du verbe *accuser*. Enfin, si je dis : nous le destinons *à cette profession*; *profession* est complément indirect du verbe *destiner*.

phrase, et *nous* est complément indirect, dans la
seconde (1).

III.

Le participe passé joint au verbe *avoir,* ou au
verbe *être* employé pour *avoir*, est variable
quand le complément direct se trouve placé avant
lui. Exemples :

>Tu nous as bien *servis.*
>Je les ai *obligés.*
>Messieurs, je vous ai *attendus.*
>Les biens que j'ai *cédés.*
>Les métairies que tu as *achetées.*
>Ces tableaux, je les ai *admirés.*
>Ces histoires, nous les avons *relues.*
>Ces infortunés que j'ai *plaints.*
>Ces femmes, je les ai *plaintes.*
>Que d'eau a été *répandue* (2) !
>Tant de promptitude ils ont *apportée !*
>Que de prix il a *remportés !*
>Combien d'années j'ai *passées* à Rome !
>Ces dames, je les ai *assurées* de mon respect.
>Les chagrins que m'a *causés* cet enfant.
>Ces canaux, on les a *crus* nécessaires.
>J'ai déchiré cette lettre quand je l'ai *eu lue.*
>Ils se sont *frappés* (c.-à-d. ils *ont* frappé soi).
>Elles sont *déchirées* (c.-à-d. elles *ont* déchiré soi).
>Nous nous étions *vantés* (c.-à-d. nous *avions* vanté nous).
>Elle s'est *rendue* célèbre (c.-à-d. elle *a* rendu soi célèbre).

---

(1) On appelle *sujet* le mot qui est appelé *nominatif* par
les anciens grammairiens.

(2) Voyez, à la suite de ce petit Traité des Participes
[pag. 15], mes OBSERVATIONS sur le substantif précédé d'un
adverbe de quantité.

IV.

Le participe passé joint au verbe *avoir*, et suivi d'un verbe à l'infinitif actif, est variable, lorsque le complément direct est placé avant lui, et qu'il est sous la dépendance du verbe *avoir*, et non pas du verbe à l'infinitif. Exemples :

Les acteurs que j'ai *vus* jouer.

Les oiseaux que j'ai *entendus* chanter.

La terre, je l'ai *sentie* remuer.

Cette dame, nous l'avons *admirée* danser.

Mes fils que j'ai *envoyés* jouer.

La montre que tu as *envoyée* à raccommoder.

Les jeunes gens que j'ai *eus* à conduire.

Votre sœur que j'ai *laissée* travailler (1).

Ils se sont *écoutés* parler (c.-à-d. ils *ont* écouté soi parler).

Elle s'est *sentie* mourir (c.-à-d. elle *a* senti soi mourir).

Cette artiste s'est *vue* peindre (c.-à-d. *a* vu soi peindre).

Ils se sont *laissés* tomber (c.-à-d. ils *ont* laissé soi tomber).

Les actions que j'ai *entendues* louer par des hommes de bien (c.-à-d. j'*ai* entendu elles être louées par des hommes de bien).

Les feuilles que nous avons *vues* emporter par le vent (c.-à-d. nous *avons* vu elles être emportées par le vent).

Les provinces que le roi avait *laissées* administrer par un seul homme (c.-à-d. le roi *avait* laissé elles être administrées par un seul homme).

---

(1) Voyez, à la suite de ce petit Traité des Participes [pag. 17], mes OBSERVATIONS sur le participe *laissé* suivi d'un infinitif.

Nous nous sommes *entendus* louer par un sage
    monarque, (c. à d. nous *avons* entendu nous
    être loués par un sage monarque.)

Ils se sont *vus* entraîner par les eaux, (c. à d.
    ils *ont* vu soi être entrainés par les eaux.)

Messieurs, vous vous êtes *laissés* dominer par
    un funeste penchant, (c. à d. vous *avez* laissé
    vous être dominés par un funeste pen-
    chant.) (1)

V.

Le participe passé joint au verbe *avoir*, et suivi
d'un infinitif actif, est invariable, lorsque le complément direct du verbe *avoir* est sous-entendu.
Exemples :

    Les pommes que j'ai *vu* cueillir.
    Les ariettes que tu as *entendu* chanter.
    Ma main que j'ai *senti* toucher.
    Ces machines que nous avons *admiré* construire
    Votre lettre que j'ai *envoyé* prendre.
    Mes papiers que j'ai *laissé* emporter.
    Cette femme, il l'a *laissé* outrager.

---

(1) Domergue écrit : Cette femme trop confiante s'est *laissé*
tuer par son médecin. J'écris la même phrase de cette autre
manière : Cette femme trop confiante s'est *laissée* tuer par
son médecin. Voici l'analyse présentée par Domergue :
« Cette femme trop confiante a quelqu'un laissé dans cet
état, lui être tuant elle. » Quel galimathias ! j'en demande
pardon aux mânes de notre savant confrère. — Voici mon
analyse : « Cette femme trop confiante a soi *laissée* être
tuée par son médecin. » N'est-il pas évident que l'infinitif
actif *tuer* remplit ici les fonctions de l'infinitif passif ? (c'est
un gallicisme); et ce qui rend cette vérité manifeste, c'est
1°. que ces mots *par son médecin* ne peuvent être que le
complément d'un verbe passif ; 2°. que nos infinitifs actifs
sont souvent employés passivement. *Ex.* Que de livres pour
lire ! c'est-à-dire, pour *être lus !* Des triomphes difficiles
à obtenir, c'est-à-dire, à *être obtenus*; etc., etc.

Les soldats qu'il a *fait* pendre, (c. à d. il a fait
    ceci : pendre eux [les soldats.])

Cette femme s'est *vu* humilier, (c. à d. elle a vu
    quelqu'un humilier soi.)

Ils se sont *entendu* appeler, (c. à d. ils ont en-
    tendu *quelqu'un* appeler soi.)

Ma main s'est *senti* toucher, (c. à d. elle a senti
    quelqu'un toucher soi.)

Les juges se sont *laissé* corrompre, (c. à d. ils
    ont laissé *quelqu'un* corrompre soi.)

Ils se sont *fait* habiller, (c. à d. ils ont fait *ceci :*
    habiller soi.)

VI.

Le participe passé joint au verbe *avoir*, est invariable, lorsque le complément direct exprimé est
sous la dépendance, soit d'un infinitif sous-entendu,
soit d'un verbe précédé d'un *que* conjonctif. Exemples :

Il a obtenu toutes les places qu'il a *voulu*, (sous-
    entendu *obtenir.*)

Je lui ai fait toutes les politesses que j'ai *dû*,
    (sous-entendu lui *faire.*)

Il m'aurait accordé tous les secours qu'il aurait
    pu, (sous-entendu m'*accorder.*)

J'ai pris avec moi la somme d'argent qu'il m'a
    fallu (sous-entendu *prendre.*)

Les règles que j'aurais *voulu* QUE vous appris-
    siez.

La fleur que vous aviez *désiré* QUE je choisisse.

Les remords que j'avais bien *prévu* QU'il éprou-
    verait.

VII.

Le participe passé d'un verbe pronominal (1)
est toujours variable, lorsque le pronom person-

***

(1) On appelle verbe *pronominal* celui qui se combine

nel qui le précède ne peut pas être regardé comme
un complément indirect. Exemples :

>Elle s'en est *allée*.
>Elles se sont *enfuies*.
>Ils se sont *attaques* à leur juge.
>Nous nous étions *attendus* à ce changement.
>Elle s'est *disputée* avec sa sœur.
>Ils se sont *vantés* de cette conduite.
>Elles se sont *doutées* de ce tour.
>Cette fille s'est *moquée* de nos conseils.
>Elle s'est *tue* quand on lui a parlé.
>Nous nous sommes *aperçus* de cette faute.
>Elles se sont *louées* de votre accueil.
>Elle s'est *expliquée* avec son père.
>Elles se sont *plaintes* de nos refus.
>Ils se sont *avisés* de ce moyen.
>Elles se sont *immiscées* dans cette affaire.
>Ils s'étaient *abstenus* de vin.
>Nous nous sommes *industriés*.
>Vous vous êtes tous *repentis*.
>Elles se sont *souvenues* de leur origine.
>Ma mère s'est *servie* de vos meubles.

Remarque. Il faut écrire « elle s'est *plu* à vous
intriguer ; elles se sont *ri* de nos stratagêmes, » parce
qu'on ne peut pas dire « elle a plu soi à vous intriguer ; elles ont ri soi de nos stratagêmes. » La dé-
composition amène ce qui suit « elle a plu *à soi* en
vous intriguant ; elles ont ri *en soi* de nos stratagêmes. »

VIII.

Le participe passé joint au verbe *être*, précédé
du pronom *se* est variable, lors même qu'il a pour

---

nécessairement avec deux pronoms personnels, comme *nous
nous* fâchons, *je me* suis comporté, *ils se* prévaudront,
etc. Voyez, à la fin de cet ouvrage, une liste de verbes pro-
nominaux.

sujet un objet inanimé, comme « cette pierre s'est *fendue*, » car c'est comme si l'on disait « cette pierre a été *fendue*. » Autres Exemples :

> Une réunion s'est *opérée*.
> Les affaires se sont *arrangées*.
> Nos fleurs se seraient *flétries*.
> Mes papiers s'étaient *égarés*.
> Une erreur s'est *glissée* dans ce compte.
> Une grande révolution s'est *faite*.
> Nos assemblées se sont *tenues* aujourd'hui.
> Leur société s'est entièrement *dissoute*.

IX.

Le participe passé joint au verbe *être*, demeure invariable, lorsqu'il a pour véritable sujet un substantif vague et indéterminé. Exemples :

> Il s'est *formé* une belle réunion.
> Il s'est *rassemblé* une foule de monde.
> Il sera *érigé* une colonne trajane.
> Il a été *trouvé* une médaille superbe.

Remarque. Dans cette phrase « il s'est formé une belle réunion, » l'analyse grammaticale est « *ceci* (une belle réunion) s'est formé. » Il en est de même des autres phrases où le pronom indéterminé *il* est le véritable sujet de la proposition.

X.

Le participe passé, joint au verbe *avoir*, est invariable, lorsque *peu* ou *trop*, qui le précède, est suivi d'un substantif singulier; mais il est variable, lorsque l'adverbe *peu* ou *trop*, qui le précède, est suivi d'un substantif pluriel. (1) Exemples :

---

(1) Nous entendons parler ici de *peu*, ou de *trop*, précédé de l'article ou d'un pronom.

{ Le peu de valeur que tu as *montré.*
Le peu d'affection que vous nous avez *témoigné.*
Le peu de réputation qu'il s'est *fait* ; (c. à d
qu'il *a* fait à soi.)

{ Le peu de jeunes-gens qu'il a *fréquentés.*
Le peu de villes que j'ai *vues.*
Le peu de partisans qu'il s'est *faits*, (c. à d.
qu'il *a* faits à soi.)

Remarque. Dans les trois premiers exemples, le participe passé se rapporte, non pas au substantif auquel il est joint, mais au modificatif *peu* qui est pris substantivement, lorsqu'il est précédé de l'article, comme *le* peu, ou d'un pronom, comme *mon* peu, *ton* peu, *ce* peu, etc. On dira de même : le trop d'application qu'il a *apporté*, et, le trop de sociétés que j'ai *vues* (1).

Remarque essentielle. Je dois écrire : le peu de diligence qu'il a *mis* dans cette affaire, l'a empêché de réussir. Mais si je disais : le peu de diligence qu'il a *mise* dans cette affaire, a suffi pour le faire réussir; j'écrirais MISE en le faisant accorder avec le substantif DILIGENCE, parce que je veux indiquer qu'il y a de la diligence mise par lui, quoique en petite quantité : au lieu que, dans cette première phrase : le peu de diligence qu'il a *mis*, etc. je veux faire connaître qu'il y a un *manque* de diligence, et ce mot *manque* est signifié par le mot *peu.*

XI.

Le participe passé, quand il est précédé du pronom *en*, reste invariable par la raison que ce mot

---

(1) Il ne faut pas confondre *le* peu, *le* trop, *ce* peu, *ce*

en, qui est vague et indéterminé, équivaut à *de cela*.
Exemples :

> J'ai lu plus de livres que vous n'en avez *manié*.
> Des pleurs, hélas ! j'en ai beaucoup *répandu*.
> Nous avons eu autant de fruits que nous en avions
>   *espéré*.
> On lui donna plus d'armes qu'il ne s'en était
>   *procuré*.
> J'ai eu bien des malheurs, mais combien n'en as-
>   tu pas *essuyé !*

Remarque. Il faut se garder de confondre le pronom indéterminé *en*, signifiant *de cela*, avec le pronom *en*, signifiant *de lui* ou *d'elle*, *d'eux* ou *d'elles*. Si donc vous aviez à écrire « J'ai vu M. votre père, les politesses que j'en ai reçues m'ont réconcilié avec lui, » vous n'hésiteriez pas à écrire *reçues* de cette manière, parce que ce participe s'accorde avec le substantif *politesses*. Quel est le complément direct du verbe *avoir*? c'est le pronom *que*, se rapportant à *politesses* (pl. f.); or, comme le complément direct est placé avant le verbe *avoir*, il y a accord. Le mot *en* est pour *de lui*, *de votre père* : c'est un complément indirect.

XII.

Le participe passé, précédé du pronom *le*, employé pour *cela*, est toujours invariable. Exemples :

> Cette ville est plus belle que je ne l'aurais *cru*,
>   (c. à. d. que je n'aurais cru *cela*.)
> Ces pièces sont plus agréables que vous ne l'au-
>   riez *pensé*.

---

trop, etc., avec *peu*, *trop*, *assez*, *beaucoup*, etc., non précédés de l'article ou d'un pronom. Voyez mes OBSERVA-TIONS, *page* 15.

Votre mère est beaucoup plus instruite que nous ne l'avions *présumé*.

Ces plantes sont plus salutaires que vous ne l'aviez *assuré*.

Cette histoire n'est pas aussi intéressante que vous me l'aviez *dit*.

XIII.

Le participe passé est invariable, quand le *que* qui précède le verbe *avoir*, est le complément d'une préposition sous-entendue, ou un complément illégitime, introduit par abus. Exemples :

Il a passé dans le deuil les jours qu'il a *existé*, (c. à d. pendant lesquels il a existé.)

Il y avait au moins six heures que cet enfant n'avait *mangé*, (c. à d. six heures depuis lesquelles il n'avait mangé.)

Les sommes que ce château nous a *coûté*, sont exorbitantes, (c. à d. les sommes pour lesquelles ce château nous est resté [1], sont exorbitantes.)

Je dois à mon habit les honneurs qu'il m'a *valu*, (c. à d. les honneurs pour lesquels il m'a été bon ou profitable.) [2]

---

[1] *Coûter* se dit en latin *constare*, pour *stare cum*, qui signifie *rester avec* ou *rester à*.

[2] C'est à tort que l'on veut légitimer l'orthographe prétendue de Racine dans ce vers :

Que de soins m'eût *coûtés* cette tête charmante !

et celle de Rollin dans cette phrase :

Que de louanges cette action lui aurait *values !*

Qui oserait assurer que Racine et Rollin aient écrit de cette manière ? — *Valoir* signifiant *procurer*, est, dit-on, verbe actif ; et *coûter* signifiant *causer*, est aussi verbe actif. Quelle doctrine inouïe jusqu'à ce jour ! *Valoir* signifie *être bon* ou

On se rappelle les pluies qu'il y a *eu*, et les froids qu'il a *fait* cette année. (Le participe *eu* est ici invariable, parce qu'on ne dit pas *y avoir des pluies*, comme on dirait : j'ai une métairie, *j'y ai des mérinos*. Le participe *fait* est également invariable ici, parce qu'on ne dit pas *faire des froids*, comme on dirait : il sait *faire des épigrammes*.)

XIV.

Les participes passés *compris*, *supposé*, *excepté*, *passé*, *joint*, *inclus*, etc. sont invariables, lorsque le substantif qui les accompagne est placé après eux. Exemples :

Il avait trente mille hommes, y *compris* la cavalerie.

Je vous envoie ci-*joint* des papiers.

Vous trouverez ci *inclus* copie d'un placet au roi.

Il sera satisfait, *supposé* ces deux chances favorables.

Il a vendu tous ses livres, *excepté* les ouvrages de morale.

On est prévenu que, *passé* cette époque, la souscription sera entièrement fermée.

Mais si le substantif est placé avant les participes *compris*, *supposé*, *excepté*, *passé*, *joint*, *inclus*, l'accord aura lieu. Exemples : Il avait trente mille hommes, la cavalerie y *comprise*; je vous envoie des papiers ci-*joints*; il sera satisfait, ces deux chances favorables *supposées*, etc., etc.

Remarque essentielle. JOINT et INCLUS placés

---

profitable à (en latin *valere*); et *coûter* signifie *rester avec* (en latin *constare*); et ni l'un ni l'autre n'ont et ne peuvent avoir de complément direct.

avant un substantif dont le sens est précis, doivent s'accorder avec lui. Exemples :

> Vous recevrez ci-*jointe* la copie que vous m'avez demandée.
> Je vous envoie ci-*incluse* ma promesse de mariage. *

OBSERVATIONS

Sur le substantif précédé d'un adverbe de quantité.

Les adverbes de quantité sont les mots qui suivent : *tant, autant, assez, trop, beaucoup, peu, plus, moins, combien* et *que* (pour *combien*). — Quand un substantif est précédé de l'un de ces adverbes, il faut le considérer comme identifié, pour ainsi dire, avec lui; c'est pourquoi l'on doit écrire : que de peine nous avons *ressentie!* que de lauriers il a *moissonnés!* On écrira de même : tant de valeur ils ont *déployée!* autant de science il a *acquise;* assez de prudence vous avez *montrée;* trop de précaution ils ont *prise;*

> Tant de félicité n'est pas *faite* pour moi.   RACINE.
> Comment tant de grandeur s'est-elle *évanouie ?*
>   J. B. ROUSSEAU.

Je sais que plusieurs Grammairiens ne sont pas d'accord sur ce principe avec moi, avec Domergue et avec quelques autres; je crois néanmoins que cette règle est incontestable par la raison que les substantifs, de quelque nature qu'ils soient, sont liés indi-

---

* Cette Règle XIVᵉ et la *Remarque* qui y est jointe sont applicables à l'adjectif *franc.* Voyez les exemples de la page 216. — Quant à l'adjectif *sauf*, il reste invariable, parce qu'il précède toujours son substantif. On dit : *sauf* erreur ; *sauf* la considération et le respect qui vous sont dus.

visiblement aux adverbes de quantité qui les précèdent immédiatement. En effet, ces propositions
« que d'obéissance, trop d'obéissance, assez d'obéissance, plus d'obéissance il a *montrée* » doivent se
traduire ainsi: quelle grande obéissance, trop grande
obéissance, assez grande obéissance, plus grande
obéissance il a *montrée*. Les Grammairiens qui s'é-
cartent de notre principe, lequel est justifié par
de nombreux exemples, écrivent « que de science
il s'est *acquis*; » et, pour légitimer cet inaccord,
ils avancent que, s'ils disaient « que de science il
s'est *acquise*, » ils seraient obligés d'analyser ainsi
« que de science, il a à soi *cette science acquise !* »
Or, dans cette phrase, ajoutent-ils, il ne s'agit pas
d'une science acquise, il s'agit seulement d'une
partie indéterminée du tout qu'on appelle *science*.

Non, sans doute, il ne s'agit pas d'une science
acquise, et, pour cette raison, l'analyse ci-dessus
manque de justesse; il s'agit d'une grande quantité
de science, en sorte qu'il faut analyser ainsi la
phrase précitée « il a *quelle grande science acquise*
à soi; » or, comme le complément direct (que de
science) précède le substantif, il y a accord (*quan-
tam doctrinam* habet sibi *comparatam !*); au lieu
qu'on écrira « qu'il s'est acquis de science ! » parce
que le substantif n'est pas lié immédiatement à
l'adverbe de quantité.

Il faut écrire, disent les mêmes Grammairiens,
« que de richesses il a *amassées !* » et, « que de confitures vous avez *mangé !* » Cette distinction nous
paraît bizarre; or voici de quelle manière ils prétendent la justifier : « Le mot *confitures*, di-
sent-ils, quoiqu'il soit exprimé au pluriel,
n'offre qu'un tout dans les vues de l'esprit; on dit

des *confitures*, sans supposer qu'il y en ait plusieurs. » — Eh ! qu'importe qu'on ne suppose pas
qu'il y en ait plusieurs ? On conviendra qu'il y avait
des confitures en grande quantité, et cette grande
quantité est représentée par l'adverbe *que* (ou *combien*), ainsi qu'elle l'est dans la phrase « que de
richesses il a *amassées* » (*quantas opes* habet *col-
lectas !*) Pour cette raison il faut écrire, à notre
avis, et selon les règles d'une bonne logique, « que
de confitures vous avez *mangées !* que de richesses il a
amassées ! » au lieu qu'on écrira « qu'il a *amassé*
de richesses ! que vous avez *mangé* de confitures !
qu'il a *acquis* de science ! »

OBSERVATIONS

Sur les participes passés laissé *et* fait, *suivis d'un infinitif.*

Un homme de lettres a mis en problème la question de savoir si j'ai eu raison de soumettre à la *dé-
clinabilité* le participe LAISSÉ, suivi d'un infinitif ;
il a cru même devoir condamner l'orthographe de ce
mot dans les phrases ci-après : — « Avec des soins,
on aurait pu sauver cette jeune personne ; mais on
l'a *laissée* mourir. — Ces lois étaient bonnes sans
doute ; or, je vous le demande, pourquoi les a-t-on
laissées tomber dans un éternel oubli ? — J'avais de
fort beaux oiseaux qu'on m'avait donnés ; mais les
ayant *laissés* périr, j'ai fait serment de n'en plus
avoir. — Cette pauvre femme n'ayant plus de pain à
donner à ses enfants, s'est *laissée* périr de chagrin
et d'inanition. — Mes amis, les habitudes qu'on vous
a *laissés* prendre, tourneront un jour à votre honte.
— Voyez ces plantes que j'ai *laissées* croître, etc. »

Il est bon d'examiner ce qui a porté l'auteur de ces *Doutes et Réflexions* à croire que le participe *laissé* doit être invariable dans toutes les phrases précitées. La raison en est, selon lui, que l'infinitif qui suit le participe *laissé* ne peut pas se tourner par un participe présent; ainsi, de ce qu'on ne peut pas dire : je les ai *laissés* tombant, comme on dit : je les ai *vus* passant, l'auteur croit pouvoir conclure que le participe *laissé* doit toujours être invariable. Cette conséquence est absolument fausse. Si le participe *vus* est variable dans cette phrase « je les ai *vus* passer, » c'est que le mot *les* (complément direct du verbe *voir*) est placé avant lui ; et toutes les fois que le complément direct précède le participe, celui-ci s'accorde avec lui en genre et en nombre. De cette règle générale il résulte que l'on doit écrire : je les ai *laissés* tomber, je les ai *laissés* se disputer, je les ai *laissés* manquer de pain, parce que, dans ces trois phrases, le mot *les* (complément direct du verbe *laisser*) est placé avant lui. Quiconque écrirait : je les ai *laissé* manquer de pain, je les ai *laissé* se disputer, pourrait et devrait écrire, pour être conséquent : je les ai *laissé* sans pain, je les ai *laissé* en dispute; or, s'il écrivait *laissé* de cette manière, il pécherait évidemment contre la règle générale. Les Grammairiens, tels que Wailly, l'Auteur des promenades de Clarisse, etc. qui ont voulu justifier l'invariabilité du participe *laissé*, ont cru que le verbe *laisser* et l'infinitif qui suit doivent être regardés comme inséparables. L'auteur dont je combats la doctrine, paraît rejeter cette opinion ; il voit dans ces deux mots *laisser* tomber, *laisser* agir, deux idées distinctes et séparables; or, puisque telle est son opinion (que je partage assurément),

il doit rendre variable le participe *laissé* suivi
d'un infinitif, lorsque le complément direct du verbe
laisser est placé avant lui, comme dans cette phrase :
les acteurs que j'ai *laissés* jouer ; au lieu qu'on doit
écrire : les ouvrages que j'ai *laissé* jouer, parce que
le pronom *que* est complément direct du verbe *laisser* dans la première phrase, au lieu qu'il est complément direct du verbe *jouer* dans la seconde (1). Ne
doit-on pas écrire : les acteurs que j'ai *vus* jouer, et
les ouvrages que j'ai *vu* jouer ? Oui sans doute. Eh
bien ! la première de ces deux phrases (les acteurs
que j'ai *vus* jouer) répond à celle-ci : les acteurs
que j'ai *laissés* jouer ; et la seconde (les ouvrages
que j'ai *vu* jouer) répond à la suivante : les ouvrages que j'ai *laissé* jouer. Ce serait bien peu connaître le génie de notre langue, que de ne pas diffé-
rencier l'orthographe de ces deux mots *laissé* suivi
d'un infinitif. Prétendre que le participe *laissé* est
invariable, parce que le verbe qui suit ne peut
pas se changer en un participe présent, c'est poser
en principe qu'il faut écrire : les enfants que j'ai *envoyé* jouer, par la raison qu'on ne peut pas dire : les
enfants que j'ai *envoyé* jouant ; tout le monde sait
pourtant qu'on doit écrire : les enfants que j'ai *envoyés* jouer ; au lieu qu'on écrira : les livres que j'ai
envoyé chercher ; et cette différence d'orthographe,
rigoureusement nécessaire, provient de ce que,
dans la première phrase, le mot *que* est complément
direct du premier verbe ; au lieu que, dans la seconde phrase , il est complément direct du second
verbe (j'ai envoyé *quelqu'un* chercher EUX.)

---

(1) Voyez la 5ᵐᵉ. et la 6ᵐᵉ. règle de ma GRAMMAIRE
SIMPLIFIÉE, *ou* Cours théorique et pratique de langue française, d'orthographe et de ponctuation.

Il existe une autre difficulté grammaticale qui a
besoin de commentaire. On conçoit très bien que
j'ai dû écrire : les vases magnifiques que j'ai *vu*
emporter, les oiseaux que j'ai *laissé* prendre; dans
ces deux phrases, j'ai dû rendre invariables les
participes *vu* et *laissé*, par la raison que leur complément direct n'est pas placé avant eux; il est
sous-entendu comme le prouve l'analyse suivante :
j'ai vu *quelqu'un* emporter eux (les vases), j'ai
laissé *quelqu'un* prendre eux (les oiseaux.) Mais
ce que bien des gens ne peuvent concevoir, c'est
que j'écrive : les vases que j'ai *vus* emporter par
des étrangers, les oiseaux que j'ai *laissés* prendre
par mes enfants, ces rois avaient été condamnés aux
peines du Tartare pour s'être *laissés* gouverner par
des hommes méchants et artificieux. Voilà, s'écrie-t-
on, une règle qui ne se rencontre dans aucun livre, et
qui est évidemment en contradiction avec les principes de l'auteur, qui veut que l'on écrive : les vases
magnifiques que j'ai *vu* emporter, les oiseaux que
j'ai *laissé* prendre, ces rois s'étaient *laissé* gouverner, etc..! Je l'avoue, cette règle est tout-à-fait
neuve, mais elle est loin d'être en contradiction
avec mes principes. De ce qu'on ne l'avait pas encore
posée, suivait-il que je dusse l'omettre en traitant
ex professo la matière des participes passés? (1)
Toutes les fois qu'un verbe qui est à l'infinitif actif
est employé réellement pour l'infinitif passif, ce
qu'indique et justifie le complément précédé de la
préposition *de* ou *par*, dans ce cas-là, dis-je, le
participe passé est toujours variable, parce que

---

(1) Voyez la 7me. et la 12me. règle de ma GRAMMAIRE
SIMPLIFIÉE , *ou* Cours théorique et pratique de langue française, d'orthographe et de ponctuation.

son complément direct existe, et qu'il est placé avant
lui; ainsi dans cette phrase : les oiseaux que j'ai
laissés prendre par mes enfants (ce qui signifie «les
oiseaux que j'ai *laissés* être pris par mes enfants »)
le complément direct du participe est le mot *que*;
et, comme il est placé avant lui, il y a accord. On
doit écrire pour la même raison : ces rois avaient été
condamnés aux peines du Tartare pour s'être *laissés* gouverner par des hommes méchants et artificieux (ce qui signifie « pour s'être *laissés* être gouvernés par des hommes méchants et artificieux »);
et c'est à l'occasion de cette phrase empruntée de Télémaque, qu'un Critique fort judicieux s'est exprimé
ainsi dans le *Moniteur :* « De l'accord du participe
laissé avec le pronom *se*, il résulte une double
image : d'abord celle de la longue inertie de ces
rois abandonnant leur personne morale, leur moi
tout entier, à l'influence artificieuse des méchants;
ensuite celle de cette influence même ; le pluriel du
participe rappelle à l'œil comme à l'esprit les personnages, et les désigne. » (1)

Quant au participe *fait*, suivi d'un infinitif, comme
dans ces phrases : les mesures que j'ai *fait* prendre,
les brigands qu'il a *fait* arrêter, ce participe reste
toujours invariable, non pas, comme le croit
l'auteur des *Doutes et Réflexions*, parce que le
verbe qui est à l'infinitif ne peut pas se changer en
un participe présent, mais bien parce que le verbe
faire et l'infinitif auquel il se lie essentiellement, ne présentent, logiquement parlant,
qu'une seule et même idée, comme dans ces locutions : *faire naître, faire tomber, faire mou-*

(1) Voyez, page 7, mon observation sur l'analyse bizarre
présentée par Domergue.

voir, etc., ou plutôt, grammaticalement parlant, parce que le verbe *faire* suivi d'un infinitif a pour unique complément le mot vague *ceci*, lequel est toujours sous-entendu : en effet, lorsque je dis « mes grands arbres que j'ai fait couper, » l'analyse est : j'ai fait *ceci* : couper eux (mes grands arbres); et, quand je dis « mes domestiques que j'ai fait monter, » l'analyse est : j'ai fait ou ordonné *ceci* : eux (mes domestiques monter.) Dans la première phrase, le mot *que* est complément direct du verbe *couper;* au lieu que, dans la seconde, il est sujet du verbe *monter.*

REMARQUES

Sur le participe passé employé à contre-sens pour l'infinitif actif.

Les gens du monde, les étrangers, et particulièrement les dames, se trompent fort souvent sur l'emploi de l'infinitif actif qu'ils écrivent comme s'il était participe passé; par exemple : je veux *aimé*, je viens pour *travaillé*, au lieu de : je veux aimer, je viens pour travailler. — Ce qui donne lieu à cette méprise grossière, laquelle se reproduit souvent sous la plume de beaucoup de dames et même de beaucoup de *Messieurs*, c'est la ressemblance de son entre *aimé* et *aimer*, *travaillé* et *travailler;* car, dans la prononciation, on ne fait pas sentir la finale *r* dans les infinitifs des verbes de la première conjugaison, à moins que le mot suivant ne commence par une voyelle ou par un *h* muet, comme « visiter une personne, ajouter honneurs sur honneurs » qu'on prononce comme s'il y avait « visité-*r*une personne, ajouté-*r*honneurs surhonneurs. » Lorsqu'on est embarrassé pour savoir si l'on doit écrire « je veux aimé, je viens pour travaillé, » il faut substituer mentalement (1) à l'infinitif du verbe de la première conjugaison l'infinitif d'un verbe qui soit, par exemple, de la quatrième conjugaison, tel que *lire*. Si donc on a à écrire : « Je veux *aimé*, je viens pour *travaillé*, » il faut se demander si l'on dirait « je veux lire, je viens pour lire, » ou bien « je veux lu, je viens pour lu. » On doit dire assurément « je veux *lire*, je viens pour *lire* : » donc il faut écrire « je veux *aimer*, je viens pour *travailler*. »

Exemples de phrases où l'orthographe de l'infinitif actif résulte du principe que nous venons d'établir :

Je veux lire.	Je veux *chanter*.
Je viens pour lire.	Je viens pour *causer*.
Il faut lire.	Il faut *aimer*.
Nous devons lire.	Nous devons nous *hâter*.
Tu vas lire.	Tu vas *marcher*.
Il appréhende de lire.	Il appréhende de *tomber*.
Il vient lire.	Il vient *étudier*.
Afin de lire.	Afin de se *promener*.
De peur de lire.	De peur de *tomber*.
Je l'accuse de lire.	Je l'accuse de *conspirer*.
Ils aiment à lire.	Ils aiment à *quereller*.
Tu parais lire.	Tu parais *plaisanter*.
Le temps de lire.	Le temps de *jouer*.
Lire n'est pas défendu.	S'*amuser* n'est pas défendu.
Il passe tout le jour sans lire.	Il passe tout le jour sans *travailler*.

Dans tous ces exemples, le participe passé *lu* ne

_____

(1) En esprit, tacitement, en soi-même.

24   CACOGRAPHIE.

pourrait pas remplacer l'infinitif actif *lire ;* en conséquence, les participes *chanté, causé, aimé,* etc., au lieu de *chanter, causer, aimer,* etc., seraient des fautes grossières, appelées solécismes.

REMARQUES

Sur l'orthographe des pronoms lequel, quel, lequel.

Beaucoup de personnes ignorent comment on doit orthographier les pronoms *lequel, quel* et *lequel,* lorsqu'on leur fait subir des modifications, en plaçant des prépositions avant eux. Ici, la préposition est identifiée avec le pronom ; là, elle en est séparée. Voici la manière dont il faut les écrire :

LEQUEL *.

Le roi *lequel.*	La reine *laquelle.*
Le roi *duquel.*	La reine *de laquelle.*
Le roi *auquel.*	La reine *à laquelle.*
Les rois *lesquels.*	Les reines *lesquelles.*
Les rois *desquels.*	Les reines *desquelles.*
Les rois *auxquels.*	Les reines *auxquelles.*

QUEL **.	LEQUEL ***.
Quel homme.	*Lequel* arbre.
De quel homme.	*Duquel* arbre.
A quel homme.	*Auquel* arbre.

---

* *Lequel* est ici un pronom relatif qui remplace quelquefois le pronom *qui :* ce prince *lequel* (ou *qui*) a régné avec gloire.

** Ce pronom est interrogatif quand je dis : *quel* homme viendra ? Il est indéterminé quand je dis : j'ignore *quel* homme vous avez appelé.

*** Ce pronom est interrogatif quand je dis : *lequel* arbre

Quels hommes.	*Lesquels* arbres.
De quels hommes.	*Desquels* arbres.
A quels hommes.	*Auxquels* arbres.

—   —

Quelle femme.	*Laquelle* plante.
De quelle femme.	*De laquelle* plante.
A quelle femme.	*A laquelle* plante.
Quelles femmes.	*Lesquelles* plantes.
De quelles femmes.	*Desquelles* plantes.
A quelles femmes.	*Auxquelles* plantes.

———

RÉFLEXIONS

Sur les adjectifs quelque... que; quel que; *et sur l'adverbe* quelque... qu

L'adjectif *quelque* s'écrit en un seul mot et de la manière ci-après, quand il est immédiatement suivi de son substantif. Exemples :

Quelque pouvoir ou *quelque* puissance que vous ayez,

Quelques domaines ou *quelques* richesses que vous possédiez.

On écrit en deux mots *quel que,* suivi du verbe *être* ou de tout autre verbe n'exprimant pas d'action, tel que *paraître, sembler, devenir*; et l'adjectif *quel* est sujet aux inflexions du genre et du nombre. Exemples :

Quel que soit votre pouvoir.

Quelle que soit votre puissance.

Quels que soient vos domaines.

———

choisissez vous ? *lequel* des deux avez-vous laissé ? Il est indéterminé quand je dis: j'ignore *lequel* arbre, ou *lequel* des deux, vous allez sacrifier.

Quelles que puissent être vos richesses.
Quelle que vous paraisse cette jeune femme.
Quelles que deviennent un jour vos productions.

—*Quelque* est invariable, quand il se rapporte à un adjectif ou un adverbe. Exemples :

Quelque puissants que nous soyons.
Quelque richement que l'on nous ait pourvus.

1ère *Observation.* S'il y avait « Quelques superbes fruits qu'on me présente...» *quelque.... que* ne serait pas ici un adverbe, il serait adjectif, parce qu'il se rapporterait au substantif *fruits ;* c'est comme si l'on disait : quelques fruits superbes qu'on me présente... On ne doit pas écrire « *quelque* superbes fruits qu'on me présente; » mais on écrira : «*quelque* superbes que soient ces fruits. »

2ème *Observation.* Les mots *quelque* (adjectif) et *quelque* (adverbe) ne réclament l'apostrophe, que quand ils sont suivis des mots *un*, *une*, *il*, *elle* ; d'où il suit qu'on doit écrire « *quelque* injustice qu'il ait commise, *quelque* injuste qu'il ait été à notre égard, etc., etc. »

———

RÉFLEXIONS

Sur le mot tout.

Tout est adverbe, c'est-à-dire invariable, devant un adjectif féminin, singulier ou pluriel, commençant par une voyelle ou par un *h* muet. Exemples :

Cette femme est *tout* aimable.
Tout austère qu'est la pénitence.
Ces femmes sont *tout* aimables.

Tout aimées qu'elles sont.

Tout humble qu'était cette princesse.

Tout habiles que ces ouvrières vous paraissent.

Tout est encore invariable devant un adjectif masculin pluriel commençant par une voyelle, ou par une consonne, ou par un *h* aspiré. Exemples :

Ces hommes sont *tout* aimables.

Tout bons qu'ils vous semblent.

Ils sont *tout* en colère.

Tout honteux que vous devez être.

Ils sont *tout* comme les autres.

Tout est adjectif, lorsqu'il est placé devant un adjectif féminin, singulier ou pluriel, commençant par une consonne, ou par un *h* aspiré. Exemples :

Cette femme est *toute* bonne.

Toutes sages que sont ces dames.

Toute hardie qu'elle vous paraît.

Toutes hideuses que ces figures nous semblent.

Dans les exemples précités, le mot *tout* signifie *entièrement*, et devrait, pour cette raison, rester invariable; mais l'usage veut qu'il prenne les inflexions du genre et du nombre devant un adjectif féminin (singulier ou pluriel) commençant par une consonne, ou par un *h* aspiré.

Il est bien essentiel de ne pas confondre l'adverbe *tout*, qui signifie *bien*, *entièrement*, avec *tout*, adjectif. Un exemple rendra sensible la différence qui existe entre ces deux mots. « Cette femme est TOUT autre qu'elle n'était jadis »; ce qui veut dire : elle est bien autre, entièrement autre qu'elle n'était jadis.

« TOUTE autre qu'elle n'aurait pas voulu changer ses habitudes »; ce qui veut dire : toute femme autre (1) qu'elle, n'aurait pas voulu changer ses habitudes.

Les jeunes écrivains doivent se bien pénétrer de cette différence.

———

REMARQUES

Sur l'adjectif joint à deux substantifs.

1°. Quand deux substantifs singuliers, unis par la conjonction *et,* sont du même genre, l'adjectif ou le participe qui les suit se met au pluriel, et adopte le genre des deux substantifs qui le précèdent. Exem. :

L'arbre et le mur *renversés.*
Le roi et le berger sont *sujets* à la mort.
La prudence et la valeur mal *récompensées.*
La mère et la fille ont été *comblées* de politesses.

2°. Si les deux substantifs, unis par la conjonction *et,* sont de genre différent, il faut que l'adjectif ou le participe soit mis au pluriel, et qu'il adopte le genre masculin. Exemples :

L'honneur et la gloire *perdus.*
Le père et la mère ont été *vengés.*
L'amour et l'amitié si mal *définis.*
Le roi et la reine se sont *promenés* ensemble.
Les discours et les harangues *choisis.*
Des mots et des expressions *surannés.*

Quoi qu'en puissent dire certains grammairiens, et malgré l'hésitation surprenante de quelques hommes de lettres, il n'y a pas de doute qu'on ne doive écrire de cette manière les mots *perdus, ven-*

———

(1) En latin *quævis* (ou *quælibet*) *mulier alia...*

gés , *définis* , *promenés* , *choisis* et *surannés*, parce
que l'adjectif qui se rapporte à des substantifs liés
par la conjonction *et*, doit non-seulement se mettre
au pluriel, mais encore adopter le genre qui fait la
loi : or le genre masculin a la priorité sur le genre
féminin. Toutefois, si l'oreille est choquée par la
désinence masculine de l'adjectif précédé immédiatement du substantif féminin, il vaut mieux,
dans ce cas, placer, par euphonie(1), en dernier lieu,
le substantif masculin, et dire, par exemple : des
expressions et des termes *nouveaux* , au lieu de : des
termes et des expressions nouveaux. Au lieu de : le
poison et l'épée *dangereux* ; l'intérêt et l'utilité *publics ;* les yeux et la bouche *ouverts* , il vaut mieux
dire et écrire : l'épée et le poison dangereux ; l'utilité
et l'intérêt publics ; la bouche et les yeux ouverts.

Toute doctrine contraire à celle-ci , est évidemment fausse. Avancer qu'on doit écrire « des discours et des harangues *choisies* , » ce serait prétendre qu'on peut écrire « le roi et la reine sont
parties ; » la seconde de ces deux phrases serait la
conséquence de la première : l'une et l'autre seraient
mal orthographiées.

REMARQUES

Sur les temps de verbes eut *et* fut.

Ceux qui n'ont pas étudié le latin , sont souvent fort embarrassés lorsqu'il s'agit de distinguer *eut* et *fut* , de *eût* et *fût* , c'est-à-dire d'écrire
les uns et les autres avec ou sans accent. Tous

---

(1) Euphonie *signifie* son agréable.

les jours, en effet, on lit dans les meilleures éditions : dès qu'il *fût* entouré de ses enfants, et
qu'il leur *eût* parlé , etc. Il faut écrire : dès
qu'il fut entouré de ses enfants, et qu'il leur eut
parlé, parce qu'on écrit sans accent le passé an-
térieur défini ; au lieu qu'il faut écrire : il avait
rétracté sa promesse avant qu'il fût entouré de
ses enfants, et qu'il leur eût parlé. D'après ce
principe incontestable on écrira :

Quand
Lorsque
Dès que   } il eut mis ordre à ses affaires, il partit.
Aussitôt que

A peine eut-il donné le signal, que ...
Il n'eut pas plutôt donné le signal, que ...
Après qu'il fut mort, on partagea ses biens.

Et

Avant qu'il fût mort, on songeait au partage de ses
   biens.
Si votre ami fût arrivé plus tôt, il nous eût trouvés,
   à moins qu'il n'eût voulu éviter une explication.
Ils avaient cessé de se voir, sans que leur amitié en
   eût souffert.
Elle consentit à tout, pourvu qu'elle fût rendue à la
   liberté.
Quoiqu'elle eût essuyé de mauvais traitements, elle
   pardonna à ses ennemis.
Je ne croyais pas que le roi fût informé, eût été informé de cet événement.
Ce sont des taches légères que l'auteur eût fait dispa-
   raître, si la mort ne fût venue l'enlever aux sciences, avant qu'il eût songé à livrer son travail à l'impression.

FIN.

ORTHOGRAPHIE.

PREMIÈRE PARTIE.

ORTHOGRAPHE DE MOTS FRANÇAIS.

La science est le plus beau trésor. La vertu, si aimable, doit accompagner la science. Sans la vertu, la science, tout aimable qu'elle est, me semble un avantage bien peu désirable. Les hommes instruits me paraissent dignes de la plus haute considération ; mais je veux que l'homme savant joigne la vertu à la science. L'instruction est si précieuse ! pourquoi la négliger ? L'instruction seule distingue l'homme de l'homme. Je ne connais aucun héritage plus avantageux que la bonne éducation. Les jeunes gens doivent chercher les moyens de devenir savants, et profiter de ceux qui leur sont offerts. Les hommes dont l'éducation a été négligée, souhaitent, mais en vain, de réparer les heures perdues. Le temps est irréparable ; les heures passées ne reviennent plus.

Profitez de votre jeunesse pour acquérir des vertus et de la science. Mon ami, l'enfance est le seul temps propre à l'étude. Les vertus, si nécessaires au bonheur des humains, peuvent s'acquérir en tout temps ; cependant il faut s'y accoutumer dès l'enfance. Les qualités du cœur ne sont pas moins précieuses que celles de l'esprit. Il faut prendre tous les moyens convenables pour acquérir des connaissances solides ; mais il faut

Corrigé, Cacographie. 1

aussi travailler de bonne heure à instruire sa raison et à former son cœur. Cet homme est savant, dira-t-on, mais il n'est pas vertueux : cet autre possède de grandes vertus, mais il n'a pas d'instruction. Auquel des deux donnerons-nous la préférence? à celui, sans doute, chez lequel les connaissances sont remplacées par les vertus.

Voulez-vous, mon ami, être estimé de tout le monde; soyez vertueux non moins qu'instruit, et fréquentez toujours des personnes qui joignent l'instruction à la sagesse. Les sociétés dans lesquelles nous nous trouvons ordinairement, ne contribuent pas peu à nous rendre justes ou injustes, honnêtes ou dépravés; il sera donc toujours de l'intérêt d'un jeune homme qui voudra se former l'esprit et le cœur, de ne fréquenter que des gens vertueux et instruits. La science et la vertu font la gloire, l'ornement et la consolation de l'homme. Je plains les jeunes gens qui sont assez stupides pour préférer de frivoles amusements aux charmes de l'étude, et des plaisirs honteux aux douceurs de la vertu. Que de regrets ils se préparent! quelle destinée affreuse leur est réservée?

L'ignorance peut être appelée la nuit de l'esprit, et cette nuit n'a ni lune ni étoiles. — Plus un lieu est élevé, plus il est exposé aux tempêtes : les cours, en général, quelles qu'elles soient, en sont une preuve. —Le cuivre a beau être doré, il n'est que du cuivre : ainsi en est-il d'un fat; fût-il le premier du conseil, il n'est qu'un fat. — Un sot ne s'admire jamais autant que lorsqu'il a fait quelque sottise.— Ce sont ceux qui ont le moins de livres qui lisent le plus. — Celui qui n'a pas honte de médire en secret, est capable de calomnier en public. — On n'est jamais heureux aux dépens du bonheur des autres. —La politesse tient un milieu entre la fierté et la bassesse. Elle a la dignité de la première, et la civilité de la seconde. — Quiconque peut panser sa plaie, est à moitié guéri. — Ceux qui connaissent le monde, savent que se corriger est possible, et que se déguiser ne l'est pas. — L'homme savant qui parle, ressemble à l'homme généreux qui donne; cependant la pauvreté tend la main, et l'ignorant ferme l'oreille. — On exagère ses imperfections, pour faire passer l'éloge de ses vertus, comme on montre une égratignure pour étaler un diamant. — Le monde est doux pour quiconque l'ignore; mais qu'il est amer quand on le connaît! — Celui qui joint l'habitude du travail à celle d'une bonne conduite, est un être respectable à mes yeux.

Nous échappons à la paresse; mais nous y revenons toujours.—Le Français ne paraît léger aux autres peuples, que parce qu'il conçoit avec facilité ce qu'ils calculent avec peine.—La magnificence est le moyen du fat pour attirer les regards du sot.—Le plus inconséquent des hommes me paraît être celui qui n'est pas indulgent. — Travaille à purifier tes pensées; si tes pensées ne sont pas mauvaises, tes actions ne le seront point. — Il n'y a pas de gens plus vides, que ceux qui sont pleins de leur mérite. — La mauvaise compagnie rend le bon méchant, et le méchant, pire. — Le récit d'une bonne action rafraîchit le sang.— L'hypocrisie est un hommage que le vice rend à la vertu. — Il vaut mieux s'endormir sans souper, que de se réveiller avec des dettes. — Un homme indiscret est une lettre décachetée; tout le monde peut la lire. — La paresse n'a pas un avocat, quoiqu'elle ait beaucoup d'amis. — La frugalité et l'industrie sont les servantes de la fortune. — L'ambition qui n'est pas accompagnée d'un talent réel, amène tôt ou tard une disgrâce. — Ecrivez les injures sur le sable, et les bienfaits sur le marbre. — Celui qui se fait le plaisant d'une société, a juste ce qu'il faut d'esprit pour être un sot. — L'homme vraiment sage exposera toujours sa vie pour le bien public et pour défendre sa patrie. — Ne faites rien dans le moment de la colère. Vous embarqueriez-vous au milieu d'une tempête? — La plaisanterie amère est le poison de l'amitié. — Celui qui, le matin, a écouté la voix de la vertu, peut mourir le soir : cet homme ne se repentira pas d'avoir vécu; la mort ne lui fera aucune peine. — Celui qui rend le bien pour le mal, peut être sûr que Dieu le récompensera dans son paradis. — Boerhaave se découvrait quand il parlait de Dieu; Newton s'inclinait; Bayle faisait une pause.

Les grandes places sont comme les rochers escarpés, où les aigles et les reptiles peuvent seuls parvenir. — On guérit la folie, mais comment redresser un esprit de travers? — On se colore en se promenant au soleil, disait Cicéron; heureux celui dont la tête s'échauffe, dont le cœur s'embrase au feu de l'antiquité! — Un livre sublime paraît, dans une traduction, comme un grand seigneur exilé, qui n'est plus en crédit.—Quand Voltaire fut mort, un écrivain connu dit : Nous rentrons en république.—Le prodigue répand l'or comme du fumier, et l'avare recueille le fumier comme de l'or.—C'est se rendre le complice d'une impertinence, que d'en rire. — Celui qui se venge d'un petit affront, s'expose à recevoir de plus grands outrages. — Le vide d'un jour perdu ne sera jamais rempli. — Maison de paille, où l'on rit, vaut mieux que palais où l'on pleure.—Une femme laborieuse arrange sans cesse ses meubles; un lettré studieux dérange sans cesse ses livres. — La haine est la carie de l'âme; elle use la vie, et précipite des instants dont on ne jouit que lorsqu'on aime ses semblables. — Un fleuve paisible a ses rives fleuries. —L'air qu'on respire sur les tombeaux, épure les pensées. — Celui qui persécute l'homme de bien, fait la guerre au ciel. Le ciel a créé la vertu, il la protége : or celui qui la persécute, persécute le ciel.—Tout bois est gris, quand il est réduit en cendres. — L'homme ne désire rien avec plus d'ardeur, que les choses dont la jouissance lui est interdite. — Les excuses sont rarement exemptes de mensonges.— Le grand art de la conversation est d'attirer la parole, de parler peu, et de faire parler beaucoup les autres : c'est la véritable poétique de ce genre d'éloquence.

Les nuages les plus brillants ne sont que de l'eau. — Les tuiles, qui garantissent de la pluie, ont été faites dans le beau temps. — Le crime est le bourreau de l'âme. — Plus les repentirs sont prompts, plus ils en épargnent d'inutiles. — Imprime le cachet sur l'argile, tandis qu'elle est humide. — Aime et ménage ton frère, car celui qui n'a pas de frère est de même qu'un soldat qui va sans arme à une bataille. — As-tu fait du bien à quelqu'un ; tiens-toi en garde contre les effets de sa méchanceté. — Une tuile tombe, un accès de fièvre survient, une veine se rompt, et le lendemain meurt avec l'espérance. — Que d'épines sur une seule rose ! — La crainte de Dieu est le commencement de la sagesse. — Le temps fuit, il s'échappe en morcelant la vie; ah ! c'est toujours trop tôt que nous redemandons les heures pour en jouir mieux!— Chaque jour de ta vie est un feuillet de ton histoire. — Mille parties de plaisir ne laissent aucun souvenir qui vaille celui d'une bonne action. — La vertu est belle dans les plus laids, et le vice est laid dans les plus beaux. — Chasse la cupidité de ton cœur, tes pieds seront à l'abri des fers. — Le véritable orphelin n'est pas celui qui a perdu ses parents; c'est celui qui n'a ni science ni éducation. — Deux choses sont bien mauvaises, quand la meilleure des deux est le mensonge. — Chacun de nous court à l'avenir comme un oiseau à l'épi de blé que le vent emporte, et nous négligeons le champ où nous trouverions bien d'autres épis.— Le temps moissonne, et nous glanons; employons chaque jour de notre vie comme s'il devait être le dernier. — Le lendemain, enfant de la veille, succède à tous ses droits au temps; mais il est souvent déshérité.—Chaque siècle répète à l'autre : Tous les faux biens produisent de vrais maux.

Combien de personnes ne jugent des autres que par la vogue qu'ils ont, ou par la fortune qu'ils possèdent! — Il est beau, il est grand d'avoir compassion de son ennemi dans sa défaite. — La modestie et le respect sont comme les pleurs des enfants; leur faiblesse même et leur impuissance font leur force, et obtiennent tout. — Ce n'est pas assez que d'avoir de grandes qualités; il faut encore savoir les économiser. — Celui qui est ce qu'il paraît, fera ce qu'il a promis. — On disait d'un ambassadeur à St.-Pétersbourg : Monsieur un tel, *surchargé* d'affaires. — Le vice empoisonne les plaisirs, la passion les frelate, la modération les aiguise, l'innocence les épure, la bienfaisance les multiplie, l'amitié les perpétue. — Notre mérite nous attire l'esprit des honnêtes gens, et notre étoile, celle du public. — Les vertus se perdent dans l'intérêt, comme les fleuves se perdent dans la mer. — Notre repentir n'est pas tant un regret du mal que nous avons commis, qu'une crainte de celui qui peut en résulter pour nous.—On ne méprise pas tous ceux qui ont des vices; mais on méprise tous ceux qui n'ont aucune vertu. — Le désir de paraître instruit, fait qu'on néglige souvent les moyens de le devenir. — Chez les femmes, l'austérité des mœurs est un ajustement et un fard qu'elles ajoutent à leur beauté.—Les défauts de l'âme sont comme les blessures du corps : quelque soin qu'on prenne pour les guérir, la cicatrice paraît toujours, et elles sont, à tout moment, en danger de se rouvrir. — Le besoin et l'adversité, voilà sans contredit la vraie pierre de touche de l'amitié.—Celui-là est véritablement honnête homme, qui veut être toujours exposé à la vue des honnêtes gens.

Une femme sans pudeur est comme un mets sans sel. — Les soldats d'aujourd'hui seront bien différents de ceux d'autrefois ; ils combattront pour eux-mêmes et pour leurs enfants ; au lieu que ceux d'autrefois n'avaient pris et ne faisaient un métier aussi périlleux, que pour conquérir des royaumes. — La vraie valeur consiste à faire sans témoin ce qu'on serait capable de faire devant tout le monde.—Tous ceux qui s'acquittent des devoirs de la reconnaissance, ne peuvent pas se flatter pour cela d'être reconnaissants. — Dans le commerce de la vie, nous plaisons plus souvent par nos défauts, que par nos bonnes qualités. — Si les hommes agissaient avec justice, il n'y aurait rien à faire pour les juges.—On ne loue ordinairement les autres, que pour en être loué. — Ce qui nous empêche de nous abandonner à un seul vice, c'est que nous avons mille défauts. — L'orgueil ne veut pas devoir, et l'amour-propre se refuse à payer. — Dans l'adversité de nos meilleurs amis, nous trouvons souvent quelque chose qui ne nous déplaît pas. — Rien n'est impossible : il y a des voies qui conduisent à tout ; et, si nous avions assez de volonté, nous aurions toujours assez de moyens. — La véritable éloquence consiste à dire tout ce qu'il faut, et à ne dire que ce qu'il faut.

— La fidélité qu'on remarque dans la plupart des hommes, n'est qu'une invention de l'amour-propre, dans la vue d'attirer la confiance; c'est un moyen de nous élever au-dessus des autres, et de nous rendre dépositaires des secrets les plus importants. — Ce qui paraît générosité n'est souvent qu'une ambition déguisée, qui méprise de petits intérêts pour aller à de plus grands. — Il n'y a pas moins d'éloquence dans le ton de voix, dans les yeux et dans l'air de la personne qui parle, que dans le choix de ses paroles.

Dissiper le temps, c'est user l'étoffe dont la vie est faite. — L'oisiveté ressemble à la rouille; elle use beaucoup plus que le travail. — La paresse chemine si lentement, que la pauvreté ne tarde pas à l'atteindre. — La plupart des hommes ont, comme les plantes, des propriétés cachées que le hasard fait découvrir.— Combien de jeunes gens croient être naturels, quand ils ne sont qu'impolis et grossiers! — La faim regarde à la porte de l'homme laborieux; mais elle n'ose pas entrer dans la maison. — L'eau qui tombe constamment goutte à goutte, parvient à consumer la pierre. — Nous aimons toujours ceux qui nous admirent, et nous n'aimons pas toujours ceux que nous admirons. — Avec du travail, une souris coupe un câble, et de petits coups répétés abattent de grands chênes. — Les esprits médiocres condamnent ordinairement tout ce qui passe leur portée.—Nous pardonnons souvent aux personnes qui nous ennuient; mais nous ne pouvons pardonner à celles que nous ennuyons. — L'oubli de soi-même est la pierre de touche de la vraie grandeur, et la perfection de la sagesse. — Si la vanité ne renverse pas entièrement les vertus, du moins elle les ébranle toutes. — Un homme d'esprit serait souvent bien embarrassé sans la compagnie des sots. — Nous oublions aisément nos fautes, lorsqu'elles ne sont connues que de nous.—Ceux qui ont eu de grandes passions, se trouvent, toute leur vie, heureux ou malheureux d'en être guéris. — Nous avons plus de paresse dans l'esprit que dans le corps. — Ce qui nous rend la vanité des autres insupportable, c'est qu'elle blesse la nôtre.—La marque la plus vraie d'un cœur né avec de grandes qualités, c'est d'être né sans envie.

Les passions les plus violentes nous laissent quelquefois du relâche; mais la vanité nous tourmente sans cesse. — Chercher à se justifier quand on n'est pas coupable, c'est en quelque sorte s'accuser. — On devient insensiblement vil avec un maître qui l'est. — Nous n'avons pas le courage de dire, en général, que nous n'avons pas de défauts, et que nos ennemis n'ont aucune bonne qualité; mais, en détail, nous ne sommes pas trop éloignés de le croire.—Peu de gens sont assez sages pour préférer le blâme, qui leur est utile, à la louange, qui les trahit. — La mauvaise fortune nous corrige de certains défauts, que la raison ne saurait corriger. — Si vous voulez être riche, n'apprenez pas seulement comment on gagne; sachez aussi comment on ménage. — La fileuse vigilante ne manque jamais de chemises. — Si tu as acheté ce qui est superflu pour toi, tu ne tarderas pas à vendre ce qui t'est le plus nécessaire. —On disait à l'abbé Arnaud : La clarté est l'attribut de la langue française. « C'est son plus grand besoin, » s'écria-t-il. — Nous gagnerions beaucoup plus de nous laisser voir tels que nous sommes, que d'essayer de paraître ce que nous ne sommes pas.—Il y a des gens qui se croient de grands raisonneurs, parce qu'ils sont pesants dans la conversation, comme des bossus qui se croient de l'esprit parce qu'ils sont mal faits.—Qu'est-ce qu'un papillon?

1

Ce n'est tout au plus qu'une chenille habillée : en définitive, voilà ce qu'est le petit-maître. — Les enfants et les fous s'imaginent que vingt francs et vingt ans ne peuvent jamais finir. — Il n'y a rien d'aussi cher que le temps ; ceux qui le perdent sont les plus blâmables de tous les prodigues. — La gloire et l'amour du bien public ne campent jamais où l'intérêt particulier commande. — Si c'est un grand bonheur d'avoir ce qu'on désire, c'en est un bien plus grand de se contenter de ce qu'on a.

On ne doit regarder aucun homme comme heureux, avant sa mort. — Chacun recueille ce qu'il a semé, a dit un philosophe chinois : si tu sèmes du millet, tu recueilleras du millet ; si tu sèmes du riz, tu récolteras du riz. — C'est dans le péril qu'on reconnaît les hommes vraiment courageux, de même que c'est dans l'adversité qu'on reconnaît les vrais amis. — La sagesse est un trésor qui n'embarrasse jamais ; il faut prendre tous les moyens pour l'acquérir. — L'avarice, qui, de toutes les passions, semble la plus contraire au bien de la société, en a formé un des plus forts liens, en tirant l'or du sein de la terre. — Toutes les fois que je trouve un homme pauvre très-reconnaissant, j'en conclus qu'il serait généreux s'il était riche. — Celui qui pardonne à son ennemi et lui fait du bien, ressemble à l'encens qui embaume le feu qui le consume. — Les pierreries et les diamants, la soie et l'or dont une jeune fille se pare avec tant de soin, sont un vernis transparent qui fait mieux ressortir ses défauts. — La sagesse est, ainsi que la vertu, la plus touchante parure du sexe. — Qui ne conviendra que la société serait une chose charmante, si les hommes s'intéressaient véritablement les uns aux autres ? — On ne devrait jamais être honteux d'avouer qu'on a eu tort,

puisque c'est dire en d'autres termes, qu'on est plus
sage aujourd'hui qu'on ne l'était hier. — La flatterie
est odieuse ; rois et princes, n'oubliez pas que l'homme
qui vous flatte est l'homme qui vous veut du mal. —
Un brave homme qui a été insulté, se trouve tout de
suite supérieur à celui qui l'insulte, parce qu'il peut
pardonner. — L'économie donne aux pauvres tout ce
que la prodigalité ôte aux riches.

Celui qui cache ses fautes, en veut faire encore. —
Un fils qui a fait verser des larmes à sa mère, peut
seul les essuyer. — Nourrice qui nous aime vaut mieux
que mère qui nous dédaigne. — Nous pardonner à
nous-mêmes les travers que nous ne pouvons souffrir
dans les autres, c'est nous arroger le droit d'être fous
tout seuls. — Quiconque attend le superflu pour secourir les pauvres, ne leur donnera jamais rien.—Un
écrivain de beaucoup de sens a dit, en parlant des
plagiaires, c'est-à-dire de ceux qui pillent les ouvrages
d'autrui : Lorsqu'un pauvre se montre tout à coup revêtu de riches habits, nous reconnaissons sur-le-champ
qu'ils ne lui appartiennent pas. — L'homme de bien
n'est occupé que de sa vertu ; le méchant ne l'est que
de ses richesses. Le premier pense continuellement à
l'intérêt de la république ; mais le second a d'autres
soucis, il ne pense qu'à ce qui le touche. — Les plus
grands Etats ont été renversés par des jeunes gens, et
conservés par des vieillards. — Soyons réellement ce
que nous avons envie de paraître ; ainsi que les plumes
du geai, le masque de la vertu tombe bientôt, et met
au grand jour nos turpitudes. — Pour opérer le salut
public, il faut que la sagesse et la puissance se trouvent réunies. — Se tromper est de l'homme; mais
persister opiniâtrément dans son erreur, est d'un sot
ou d'un fou. — Si, étant magistrat, tu as découvert

des crimes, ne t'en réjouis pas comme si tu avais fait
une découverte heureuse; use de clémence, en obéissant néanmoins à la loi, persuadé que toute la faute
ne vient pas des coupables, mais qu'ils avaient pour
complices l'ignorance, le mauvais exemple, les fausses
espérances, ou la crainte de quelques maux qu'ils pen-
saient ne pouvoir éviter autrement.

Telle est la faiblesse de l'homme : il ne sait jamais
ce qu'il lui convient de faire; tantôt c'est un géant qui
s'élève, tantôt c'est un nain qui s'abaisse.—Combien
les meilleurs conseils sont peu utiles, si nos propres
expériences nous instruisent aussi rarement! — Il y
a autant de vices qui proviennent de ce qu'on ne s'estime pas assez, que de ce qu'on s'estime trop.—Quand
on court après l'esprit, on attrape presque toujours la
sottise. — L'attente d'un plus heureux avenir est une
chaîne qui lie tous nos plaisirs. — La raillerie est un
discours en faveur de son esprit contre son bon naturel. — Préfère la pauvreté et l'exil aux charges de
l'Etat les plus éminentes, lorsque c'est un traître qui
te les offre.—L'ambition, sans de vrais talents, amène
tôt ou tard une disgrâce. — On ne sait pas combien il
faut d'esprit pour n'être jamais ridicule.—La société,
les cercles, les salons, ce qu'on appelle le monde, me
représentent une pièce misérable, un mauvais opéra
sans intérêt, qui se soutient un peu par les machines
et par les décorations. — Ne te lie jamais avec un
homme que tu ne croiras pas plus honnête et plus
vertueux que toi. — Un faux ami est comme l'ombre
du cadran solaire, qui se montre quand le soleil luit,
et disparaît à l'approche du plus léger nuage. —
Sommes-nous malades, il n'y a pas de bien que nous
ne nous proposions de faire. Rendus à la santé, nous
voilà revenus à nos faiblesses et à nos égarements. —

Qui veut apprendre à bien mourir, doit apprendre auparavant à bien vivre. — L'instruction est un trésor, et le travail en est la clef.—Ne souhaite pas la mort de ton ennemi ; tu la souhaiterais en vain ; sa vie est entre les mains du ciel. — Il y a des redites pour l'oreille et pour l'esprit ; il n'y en a pas pour le cœur.

Tu demandes à Dieu des richesses ; il t'en accorderait, s'il n'avait pitié de ta sottise.—Les pauvres peuvent être appelés les nègres de l'Europe ; leur sort n'est pas plus heureux que celui de ces derniers. — Un prince, quelles que soient ses vertus, quelques lumières qu'il ait acquises, n'est fort des bras et de la volonté de la nation qu'il gouverne, que lorsque ses ministres ont toutes les qualités essentielles de leur état. — Qui n'avouera pas qu'il y a plus de fous que de sages, et que, dans le sage même, il y a plus de folie que de sagesse ? — Personne n'a jamais cueilli le fruit du bonheur sur l'arbre de l'injustice. — Tu es jeune, aie grand soin de fuir la volupté ; tu es à l'âge viril, ne manque pas de fuir les querelles et les contestations ; tu es arrivé à la vieillesse, fuis avec soin l'avarice. — Les plus méchânts des hommes sont ceux qui ne veulent pas pardonner. — Faire du bien quand on le peut ; en dire de tout le monde ; ne jamais porter un jugement précipité : c'est par de tels actes de justice et de bonté que nous acquérons de grands droits à l'estime publique. — Les défauts des pères ne doivent jamais être imputés aux enfants. Parce qu'un père se sera rendu indigne, par ses crimes, d'être élevé aux charges et aux emplois publics, on ne doit pas, pour cela, en exclure le fils, s'il ne s'en rend pas lui-même indigne : en effet, les fautes et les crimes sont ici personnels. — Un étranger, qui était à Lacédémone, admirait le respect des jeunes gens pour les vieillards : « Ce

n'est qu'à Sparte, dit-il, qu'il est agréable de vieillir. »
— Si tu voyais une vipère dans une boîte d'or, en aurais-tu moins d'horreur ? Regarde du même œil le méchant environné d'éclat. — Les biens de ce monde ne
nous appartiennent qu'en usufruit ; ce corps n'est
qu'un vêtement de louage : cette vie n'est qu'une hô-
tellerie.

Un magistrat doit instruire le peuple par son exemple ; il ne doit mépriser ni les vieillards ni les pauvres ;
le peuple pourrait l'imiter. — Nous sommes naturellement portés à la domination ; quel sentiment plus
injuste ! Avons-nous des droits pour vouloir nous élever au-dessus des autres ? Il n'y a qu'une domination
légitime : c'est celle de la vertu. — L'amour des richesses est le commencement de tous les vices, comme
le désintéressement est la source de toutes les vertus.
— C'est perdre doublement son temps, que de faire sa
cour aux riches, parce qu'ils sont les plus nécessiteux
et les plus durs des hommes. — Le roi de Prusse demandait un jour à un littérateur français, s'il croyait
en Dieu. « Oui, sire, j'aime à croire, répondit l'écrivain, qu'il y a un être au-dessus des rois. » — Conten-
tez-vous d'exceller dans les choses de votre profession ;
le forgeron ne fait pas de pantoufles, et le cordonnier
ne fabrique pas d'armes. — Il y a des gens qu'il faut
étourdir pour les persuader. — La vérité est pour les
sots un flambeau qui luit dans le brouillard, sans le
dissiper. — Ce n'est jamais la pauvreté, c'est l'ambition seule qui nous rend malheureux et dépendants.
— Il ne paraît pas que la nature ait fait les hommes
pour l'indépendance absolue. J'estime que la dépendance est née de la société. Les faibles veulent dépen-
dre, afin d'être protégés. — Faut-il s'étonner que les
hommes aient cru que les animaux étaient faits pour

eux, s'ils pensent ainsi même de leurs semblables, et que la fortune accoutume les puissants à ne compter qu'eux sur la terre ? — Ceux qui craignent et respectent les lois, n'ont rien à craindre d'elles. — Ce que nous gagnons en richesses, nous le perdons du côté du repos et du bonheur.

Travaille ; tu dois payer ta vie par tes travaux ; le paresseux fait un vol à la société. — La plus chétive cabane renferme souvent plus de vertus, que les palais des rois. — Laissons la puissance et les richesses aux autres hommes ; pour nous, faisons que la vertu soit notre partage, et l'unique mobile de nos actions. — Les sciences ont des racines amères ; mais les fruits en sont doux. — Il faut déclarer la guerre à cinq choses, savoir : aux maladies du corps, à l'ignorance de l'esprit, aux passions du cœur, aux séditions des villes, et à la discorde des familles. — La nature, en nous donnant deux oreilles et une seule bouche, a voulu nous faire connaître qu'il faut plus écouter que parler.— Il y a entre un savant et un ignorant la même différence qu'entre un cadavre et un homme vivant. — C'est la vertu seule qui fait naître et entretient l'amitié : or on peut dire qu'il n'y a pas d'amitié sans vertu. — L'utile n'est et ne sera jamais où ne se trouve pas l'honnête ; quiconque doute de cette vérité, peut être regardé comme déjà criminel. — Quand on veut plaire dans le monde, il faut se résoudre à se laisser enseigner beaucoup de choses qu'on sait, par des gens qui les ignorent.— Un publiciste a dit : Les hommes d'Etat commencent par faire des merveilles ; mais presque tous finissent par le contraire. Pourquoi cela ? c'est parce que nous ne sommes pas assez sévères dans nos choix. —Le sage ressemble à un tireur à l'arc, qui ne rapporte sa faute qu'à lui-même, lorsqu'il n'arrive pas à son but.

— La pauvreté met trop souvent le crime au rabais.
— Une vie régulière est la meilleure philosophie ; une
conscience pure est la meilleure loi. — L'homme est
avide des arts et des sciences ; il consume ses beaux
jours à contempler les phénomènes de la nature, et il
n'apprend aucunement à se connaître.

Les conversations d'aujourd'hui ressemblent aux
voyages qu'on fait sur l'eau : on s'écarte de la terre,
sans presque le sentir, et l'on ne s'aperçoit qu'on a
quitté le bord, que quand on est déjà bien loin. — Le
calomniateur est la plus cruelle des bêtes féroces, et le
flatteur, la plus dangereuse des bêtes privées. — Rien
ne prouve mieux l'insuffisance de la promesse, que
l'habitude du serment. — Certain philosophe a dit :
Un tyran peut bien nous mettre dans les fers, mais il
ne peut pas empêcher qu'on le méprise.—La calomnie
est comme la guêpe qui vous importune, et contre laquelle il ne faut faire aucun mouvement, à moins
qu'on ne soit sûr de la tuer : sans quoi, elle revient à
la charge, plus furieuse que jamais. — Tout chef
pourvu d'une autorité quelconque, doit se persuader
fortement que les hommes ne sont pas nés pour lui
être asservis ; mais que le supérieur n'est établi, que
pour défendre et protéger l'inférieur : de même que
le passager n'est pas fait pour le pilote ; mais que le
pilote est fait pour le passager. — Une promesse sans
effet est un bel arbre sans fruit. — Prétendre faire vivre son nom chez la postérité, par la construction de
superbes bâtiments, c'est charger les maçons du soin
d'écrire son histoire. — Annibal était borgne ; il se
moqua du peintre qui le peignit avec deux yeux, et il
récompensa celui qui le peignit de profil. Pourquoi
cela ? c'est que nous ne voulons pas être loués trop
fadement, et que nous sommes bien aises, d'un autre

côté, qu'on dissimule nos défauts. — On doit se consoler de ses fautes, quand on a la force de les avouer.
— Ceux qui critiquent le plus les actions d'autrui,
ressemblent à ces architectes qui, toujours hors de
chez eux, occupés à construire et à conserver les maisons des autres, laissent tomber eux-mêmes l'édifice
qui leur appartient.

La maladie marche sur les pas de l'intempérance,
et la pauvreté, sur ceux de la paresse. — Les petits
esprits sont comme les bouteilles à goulot étroit, qui
font d'autant plus de bruit, quand on les vide, qu'elles
contiennent moins de liqueur. — Il y a des mets qu'on
refuse par gourmandise, comme il y a des honneurs
qu'on refuse par ambition. — Il vaudrait bien un héros, le financier citoyen qui, loin de grossir son revenu
par des gains illicites, ouvrirait sa bourse, sans intérêt,
aux besoins de l'Etat!.... Mais on sait que de tels
hommes sont bien rares. — La simple honnêteté est la
meilleure politesse, et la tempérance, le meilleur médecin. — Quand les sauvages de la Louisiane veulent
avoir du fruit, ils coupent l'arbre au pied, et cueillent
le fruit : c'est l'image du gouvernement despotique.—
Il faut être plus lent à condamner l'opinion d'un
grand homme, que celle d'un peuple entier. — La
vraie politique est l'art de faire servir à la gloire et au
bonheur des empires l'industrie, les talents, les vertus, et même jusqu'aux vices des peuples. — Les méchants sont comme les mouches qui parcourent le corps
d'un homme, et ne s'arrêtent que sur ses plaies. —
L'orgueil nous sépare de la société; notre amour-
propre nous donne un rang à part, qui nous est toujours disputé. — Les mauvais critiques disent souvent
du mal des ouvrages d'autrui, comme un charlatan
décrie les remèdes d'un autre charlatan, pour pouvoir

mieux vendre les siens.—On triomphe d'une mauvaise
habitude plus aisément aujourd'hui que demain.

Un homme qui va passer l'eau est environné d'une
foule nombreuse ; les bateliers s'empressent autour de
lui, chacun lui fait des offres de services, tout le mouvement qui se fait au rivage semble être pour lui ; mais
sort-il du bateau, personne ne l'aborde, personne ne
le remarque, on ne l'aperçoit pas: c'est la peinture du
ministre lorsqu'il arrive en place et lorsqu'il en sort.
— L'utilité publique, qu'on poserait pour règle et pour
mesure des actions des hommes, serait une base de morale qui leur déplairait fort. — Les véritables et justes
conquêtes sont celles que chacun fait chez soi, en fa-
vorisant l'agriculture, en encourageant les talents, en
multipliant les hommes et les autres productions de la
nature. — On peut dire avec raison que la jalousie est
un hommage maladroit que l'infériorité rend au mérite. — C'est un grand tort à un écrivain, que d'être
ennuyeux. On ennuie dans un ouvrage de morale ou
de raisonnement, toutes les fois qu'on ne réveille pas
l'esprit par des idées neuves. — Le monde et la société ressemblent à une bibliothèque, où, au premier
coup d'œil, tout paraît en règle, parce que les livres y
sont placés suivant les formats et la grandeur des volumes, mais où, dans le fond, tout est en désordre,
parce que rien n'y est rangé suivant l'ordre des sciences, des matières et des auteurs. — Les grands hommes
font de grandes fautes ; tout ce qui vient d'eux porte
l'empreinte de leur génie. — C'est être étrangement
fou, que d'enseigner la vertu, et d'en négliger la pratique. — Un cœur tendre et capable d'un attachement
de longue durée, ne saurait être un mauvais cœur. —
Nous sommes loin de ces temps où le jeune homme
qui voyait un vieillard entrer dans une assemblée, se

levait soudain par respect pour son grand âge et peut-
être pour les hautes vertus qu'il lui supposait.

Un homme de talent se trouve souvent déplacé;
l'homme de bien est toujours à sa place. — La vue de
l'avenir nous est interdite; nous reculerions d'effroi à
l'entrée du labyrinthe de la vie. — Les grandes vertus
se cachent ou se perdent ordinairement dans la servi-
tude. — La liberté des presses doit exister, comme
nous avons toujours eu la liberté des écritoires. —
Carthage, qui faisait la guerre avec son opulence contre
la pauvreté romaine, avait, pour cela même, du dés-
avantage. L'or et l'argent s'épuisent; mais la vertu, la
constance, la pauvreté et l'amour de la patrie ne s'épuisent jamais. — Un poëte anglais a dit: Le temps de
l'adversité peut être regardé comme la saison de la
vertu. — Heureux celui qui, connaissant tout le prix
d'une vie douce et tranquille, repose son cœur au milieu de sa famille, et ne veut connaître d'autre terre
que celle qui lui a donné le jour! — Les honnêtes
gens se lient par les vertus; la plupart des hommes,
par les plaisirs; et les scélérats, par les crimes.—On a
beau faire, la vérité s'échappe et perce toujours les ténèbres qui l'environnent; le temps, qui consume tout,
détruit les erreurs mêmes. — La plupart des hommes
ne mettent dans le commerce de la vie que les faiblesses qui servent à la société. — « Il faut faire comme
les autres: » maxime suspecte qui signifie presque toujours: « il faut faire mal. » — Tout homme qui n'as-
pire point à se faire un grand nom, n'exécutera jamais
de grandes choses. — La tyrannie est toujours faible
et lente dans ses commencements, comme elle est
prompte et vive dans sa fin. Elle ne montre d'abord
qu'une main pour secourir, et elle opprime ensuite
avec une infinité de bras. — L'idée d'un héros est in-

compatible avec l'idée d'un homme sans justice, sans probité et sans grandeur d'âme.

Les connaissances nous portent à l'humanité et à la douceur ; il n'y a que les préjugés qui puissent nous y faire renoncer. — L'aveu de notre ignorance nous expose à moins d'humiliations, qu'une fausse prétention au savoir. — Celui qui se dévoue pour sa patrie, doit la supposer insolvable ; il doit même s'attendre à la trouver ingrate : en effet, il serait un insensé, si le sacrifice qu'il est disposé à lui faire n'était pas généreux, et dicté par l'amour seul de la vertu. — Paris est une ville d'amusements et de plaisirs, où les quatre cinquièmes des habitants meurent de chagrin. — Si les hommes ne formaient pas de société, s'ils se fuyaient les uns les autres, il faudrait leur en demander la raison : ils naissent tous liés les uns aux autres ; un fils est né près de son père, et s'y tient : voilà la société et la cause de la société. — On se met de niveau avec un ennemi, lorsqu'on se venge d'une offense ; on s'élève au-dessus de lui, lorsqu'on l'oublie. — Il en coûte bien plus pour nourrir un vice, que pour entretenir dix malheureux à la fois. — Un enfant doit être dans une éternelle appréhension de faire quelque chose qui déplaise à ses parents ; cette crainte doit l'occuper sans cesse : en un mot, il doit agir, dans tout ce qu'il fait, avec tant de précaution, qu'il ne fasse jamais rien qui offense ou qui afflige tant soit peu les auteurs de ses jours. — L'estime de soi-même, qui se fait trop sentir, ne manque jamais d'être punie par le mépris universel. — Les personnes bien polies, bien affables, ont fréquemment de la douceur dans les mœurs, et des qualités liantes ; avec une politesse vraie, bienveillante, on est certain de gagner tous les cœurs. — On ne parvient guère à amasser de gandes richesses, sans faire trois sacrifices inappréciables : celui du repos, celui de l'honneur, et celui de la réputation.

N'eussiez-vous qu'une bourgade à gouverner, il faut nécessairement qu'elle ait une religion. — La fortune des riches, la gloire des héros, la majesté des rois, tout finit par : *Ci-gît.*—La modération dans les plaisirs n'est pas toujours une vertu ; tel homme est en réputation de sagesse, qui n'a que du flegme et de l'insensibilité. — Si tu veux corriger les autres, il faut commencer par te corriger toi-même. — Tout ouvrage qui ne fait pas faire un pas de plus vers la perfection, est inutile. Jeunes auteurs, méditez donc longtemps avant d'écrire. — L'homme doit se rapprocher souvent de la nature ; c'est dans la contemplation de ses œuvres, qu'il se forme les vraies idées du beau. — Des peines à souffrir, des biens qu'il faut laisser : tel est l'inventaire de la vie ; et la poussière est le terme de toutes les grandeurs de la terre. — Faire sa fortune n'est pas le synonyme de faire son bonheur : l'un peut cependant s'accroître avec l'autre. — Veux-tu n'être jamais contrarié, et réussir dans tes projets ; fais tes affaires toi-même.— Les hommes sont toujours contre la raison, quand la raison est contre eux. — La jeunesse sans expérience, attirée par une lueur trompeuse, se précipite sur une foule de maux ; les années instruisent l'homme, il se détrompe en vieillissant ; mais, dès qu'il a trouvé l'art de vivre, les portes de la mort s'ouvrent. — La richesse est un poids d'or, une source d'inquiétudes, un plaisir mêlé d'amertume, un sujet éternel de jalousie et de procès. — L'homme a besoin de si peu, et pour si peu de temps ! Pourquoi donc se fatigue-t-il vainement à tendre de nouveau et à rajuster l'arc dont la nature relâche et brise successivement toutes les cordes ?

La sottise veut toujours parler, et n'a jamais rien à dire : voilà pourquoi elle est tracassière. — Un seul exemple produit plus d'effet, que cent volumes d'exhortations ou de menaces. — On ne peut pas, en compagnie, juger de tout l'esprit d'un homme; on peut juger de la partie bonne à la société, mais non pas de la profondeur des idées. — La bienfaisance est une source dont les eaux filtrent et se perdent sans utilité, lorsqu'on n'en dirige pas le cours; il faut lui ouvrir des canaux. — Il est des secrets qu'on ne doit confier, qu'après avoir mérité l'estime de ceux à qui on ose les révéler. — Dans la douleur imprévue, on se fait des consolations de mille choses qui, le moment d'auparavant, auraient été des sujets de chagrin. — La sympathie est une confidence secrète. — Lorsqu'on se voit généralement haï, on sait toujours pourquoi on l'est. — Si j'interrogeais tout réformateur sur ses motifs, et qu'il fût de bonne foi, il me répondrait : Je veux régner. — L'égalité de fait n'est pas dans la nature; elle ne crée pas deux êtres parfaitement semblables. — Je ne m'étonne pas si l'esprit, qui, de toutes les qualités, devrait être la plus aimable, est aujourd'hui la plus suspecte. Quel usage fait-on de son esprit? Une arme à feu est moins dangereuse. — La carrière de l'ambition aboutit à des rocs coupés à pic; là, il faut s'arrêter, rétrograder ou se précipiter. — Un savant qui ne l'est que pour lui, est une nuée qui ne donne pas l'eau qu'elle recèle. « Je me réjouis d'apprendre quelque chose pour l'enseigner aux autres, » disait un philosophe de l'antiquité. — Le principe de notre estime ou de notre mépris pour une chose, est le besoin ou l'inutilité dont elle nous est.

La justice est un rapport des actions des particuliers avec le bien public. — Les hommes laids, en général, ont plus d'esprit, parce qu'ils ont eu mo'ns d'occasions de plaisirs et plus de temps pour étudier. — L'histoire est le roman des faits, et le roman est l'histoire des sentiments.— Passer son temps à contempler des choses tout à fait frivoles, cela s'appelle bayer aux corneilles. — La voix d'une bonne conscience est meilleure que les cent voix de la renommée. — Celui qui tire l'épée de la haine, la dirige contre sa propre tête. — Un sot porte des sottises, comme un sauvageon porte des fruits amers. — La prérogative du vrai philosophe est de n'être surpris par aucun événement; rien ne peut étonner, en effet, celui qui a placé sa confiance en Dieu. — Il faut rire avant d'être heureux, de peur de mourir sans avoir ri. — On ne fait pas de sacrifice à la raison sans un pénible effort. — L'adversité est sans doute un grand maître, mais ce maître fait payer cher ses leçons; et souvent le profit qu'on en retire, ne vaut pas ce qu'elles ont coûté. — Les plus petites machines font souvent mouvoir les plus grandes choses. — La jeunesse inexpérimentée croit pouvoir se suffire à elle-même; mais, ignorante comme elle l'est, sujette à mille besoins, environnée de dangers, que deviendrait-elle, privée de nos conseils et de nos secours? — Pour bien goûter le bonheur, il faut avoir été malheureux. — La nature, avare de ses prodiges, ne donne que de loin à loin de grands hommes à la terre; nous devons donc honorer et respecter à jamais ceux dont les actions célèbres sont consignées dans l'histoire, ou ceux dont nous avons nous-mêmes le bonheur d'admirer les vertus éclatantes. — La cupidité rend l'homme malheureux, en lui rendant insupportables les privations qu'il endure.

Il arrive fréquemment, et l'expérience le démontre,

qu'un événement qui nous paraît heureux, et dont nous avons vivement désiré le succès, recèle dans son sein le germe de nos maux. — Un intendant écrivit au bas d'un placet une ordonnance au crayon. On en appela au conseil. Monsieur d'Aguesseau, prenant la parole, dit : C'est une affaire à terminer avec de la mie de pain. — Un sage jouit des plaisirs, et s'en passe comme on fait des fruits en hiver. — Ne méprise point un homme parce qu'il a la démarche et le ton modestes, ou parce qu'il porte des habillements usés : l'abeille n'est, tu le sais, qu'un insecte grêle et sans force ; mais sa ruche fournit à l'homme le miel dont il se nourrit. — Raisonner, pour la plupart des hommes, c'est le péché contre nature. — Rien ne m'amuse plus que d'entendre un conteur ennuyeux faire une histoire circonstanciée ; je ne suis pas attentif à l'histoire, mais à la manière dont il la fait. — Pour la plupart des gens, j'aime mieux les approuver que les écouter. — Quand je me fie à quelqu'un, je le fais sans réserve ; mais je me fie à très-peu de personnes. — Ce qu'on appelle subtilité d'esprit, n'est souvent qu'une incapacité singulière de penser solidement. — Il faut plus de finesse pour savoir être économe de son esprit, que pour en paraître prodigue. — Si tu es sage, tu ne feras à autrui que ce que tu voudras qu'on te fasse ; tu n'as besoin que de cette loi, qui est regardée comme le fondement et le principe de toutes les autres lois. — On voit tous les jours des hommes se couper une main gangrénée, pour sauver le reste de leur corps.

Quand on veut devenir philosophe, c'est-à-dire sage, il ne faut pas se rebuter des premières découvertes affligeantes qu'on fait dans la connaissance des hommes ; il faut, pour les connaître, triompher du mécontentement qu'ils donnent, comme l'anatomiste triomphe de la nature, de ses organes et de son dégoût, pour devenir habile dans son art. — A mille promesses préfère sagement un *tiens*. — La paresse est l'oubli de la vie ; elle fait avorter la gloire, et donne entrée à tous les vices. — Une nation où les femmes donnent le ton, peut être regardée comme une nation parleuse. — L'esprit veut presque toujours avoir raison, et le cœur ne veut jamais avouer ses torts. — Il en est de la plupart des savants comme des financiers, qui sont souvent d'autant plus orgueilleux qu'ils se sont plus enrichis aux dépens d'autrui. — Ceux qui disent ce qu'il faut faire, taisent ordinairement ce qu'il faut dire. — Les passions sont les images du bien et du mal. — Il en est de l'admiration comme de la flamme, qui diminue dès qu'elle cesse d'augmenter. — La plupart des jeunes auteurs croient être délicats, lorsqu'ils ne sont que raffinés. — Il n'est pas d'encens qui entête autant une femme, que celui qui ne brûle pas pour elle. — C'est rêver en veillant, que de s'inquiéter des songes qu'on a eus pendant le sommeil. — Il est des défauts aimables, comme il est des laideurs qui font fortune. — Si la bonne foi était bannie de la terre, il faudrait qu'elle se réfugiât dans le cœur d'un roi. — Les prémices du cœur sont à l'amitié. — Défiez-vous de ces gens qui se font blancs de leur épée ; on trouve, dans l'occasion, que ce sont celles qui tiennent le plus au fourreau.

Au lieu de vouloir corriger les hommes de certains travers insupportables à la société, il aurait fallu corriger la faiblesse de ceux qui les souffrent. — Il y a des hommes qui ont la manie de s'élever sans cesse au-dessus de leurs semblables. Pourvu qu'ils soient en évidence, tout leur est égal ; sur des tréteaux de charlatans, sur un théâtre, un trône, un échafaud, ils se-

ront toujours bien, pourvu qu'ils attirent les regards.
—Partout où je trouve l'envie, je me fais un plaisir
de la désespérer; je loue toujours devant un envieux
ceux qui le font pâlir. — La vie est un journal sur lequel on ne doit inscrire que de bonnes actions. — Les
vérités qu'on aime le moins à entendre, sont celles
qu'on a le plus intérêt à savoir. — Remplacez la perte
d'un avantage ou d'un agrément par l'acquisition d'une
vertu. — On paye cher, le soir, les folies du matin.
—Il n'y a pas d'homme que la fortune ne vienne visiter une fois dans la vie; mais, lorsqu'elle ne le trouve
pas prêt à la recevoir, elle entre par la porte, et sort
par la fenêtre. — Il est une remarque bien vraie à
faire, c'est que la plupart des choses qui nous font
plaisir, sont déraisonnables.—Combien y a-t-il d'hommes qui puissent dire, ainsi que le vrai philosophe:
J'ai fait en ma vie bien des sottises; mais on ne peut
me reprocher aucun acte de méchanceté ! — Les livres
anciens sont pour les auteurs; les nouveautés, pour
les lecteurs. — Il en est d'un secret comme d'un trésor:
dès qu'une fois on sait où il est, on ne tarde pas à le
découvrir. — La tempérance est un arbre qui a pour
racine le contentement de peu, et pour fruits le calme
et la paix.—Pourquoi faut-il que la plupart des hommes soient plus capables de grandes actions, que de
bonnes! — Les gens qui ont beaucoup d'esprit, tom-
bent souvent dans le dédain de tout.

Il y a deux choses qui perdent les hommes: ce sont
l'abondance de richesses et l'abondance de paroles.—
Les amis devraient se donner le mot pour mourir le
même jour.—Nous voyons fréquemment que les gens
d'esprit sont gouvernés par des valets, et les sots, par
des gens d'esprit. — Quand une fois l'ambitieux est
déchu, il ne vit plus qu'à ses propres yeux; il a joué,

il a perdu : telle est l'histoire de toute sa vie. — La plupart des orateurs nous donnent en longueur ce qui leur manque en profondeur. — Quand on a une maison de verre, il n'est pas prudent de jeter des pierres dans la maison de son voisin. — La vieillesse du méchant est pire que la boîte de Pandore ; elle renferme tous les maux, et ne conserve pas l'espérance. — Aimer à lire, c'est faire un échange des heures d'ennui qu'on doit avoir dans ce monde, contre des heures vraiment délicieuses. — Je n'ai jamais compris comment les despotes ont pu imaginer qu'ils étaient tout, et comment les nations ont été aussi disposées à croire qu'elles n'étaient rien. — Informe-toi du voisin, avant de prendre maison, et du compagnon, avant de faire route. — Si je savais quelque chose qui me fût utile, et qui fût préjudiciable à ma famille, je le rejetterais de mon esprit. Si je connaissais quelque chose qui fût utile à ma famille, et qui ne le fût pas à ma patrie, je chercherais à l'oublier. Si je savais quelque chose d'utile à ma patrie, mais qui fût préjudiciable au genre humain, je le regarderais comme un crime. — Si l'on ne voulait qu'être heureux, cela serait bientôt fait ; mais on veut être plus heureux que les autres, et cela est presque toujours difficile, parce que nous croyons les autres plus heureux qu'ils ne le sont réellement.

Ceux qui ne donnent que leur parole pour garant d'une assertion qui reçoit sa force de ses preuves, ressemblent à cet homme qui disait : « J'ai l'honneur de vous assurer que la terre tourne autour du soleil. » — Dans les grandes choses, les hommes se montrent comme il convient de se montrer ; dans les petites, ils se montrent tels qu'ils sont. — Quand on veut éviter d'être charlatan, on doit fuir les tréteaux ; car, si l'on y monte, on est forcé d'être charlatan : sans

quoi, l'assemblée vous jette des pierres. — Les méchants font quelquefois de bonnes actions; on dirait
qu'ils veulent éprouver s'il est vrai que cela fasse autant de plaisir que le prétendent les honnêtes gens.—
Un philosophe définit très-bien la célébrité, quand il
dit que c'est l'avantage d'être connu de ceux qui ne
vous connaissent pas. — Le changement de modes est
l'impôt que l'industrie du pauvre met sur la vanité du
riche. — Les vraies richesses consistent à savoir se
contenter de peu. — Voulez-vous voir à quel point
chaque état de la société corrompt les hommes; exa-
minez ce qu'ils sont quand ils en ont le plus longtemps
éprouvé l'influence, c'est-à-dire dans la vieillesse;
voyez ce que c'est qu'un vieux courtisan, un vieux
juge, un vieux procureur. — J'ai souvent remarqué
que le premier mouvement de ceux qui ont fait quelque action héroïque, qui ont arraché des infortunés à
la mort, qui ont couru quelque grand péril, qui ont
procuré des avantages à leurs concitoyens, j'ai, dis-je,
remarqué que leur premier mouvement a été de refuser la récompense qu'on leur offrait. Ce sentiment s'est
trouvé dans le cœur des hommes les plus indigents et
les moins instruits. Quel est donc cet instinct moral
qui avertit l'homme sans éducation, que la récompense
des bonnes œuvres est dans le cœur de celui par qui
elles ont été faites? Il semble qu'en nous les payant,
on nous les ôte.

Trois choses ne se connaissent qu'en trois occasions :
le courage, à la guerre; la sagesse, au moment de la colère; l'amitié, dans l'adversité.— On donne des repas
de vingt louis à des gens en faveur de chacun desquels on ne donnerait pas un petit écu pour qu'ils
fissent une bonne digestion de ce même dîner de
vingt louis. — Voici l'épitaphe simple et touchante

qu'on lit sur la tombe de l'auteur du Télémaque : « Sous cette pierre repose Fénelon. Passant, n'efface « point, par tes pleurs, cette épitaphe, afin que d'autres « la lisent et pleurent comme toi. » — Le mot qui t'échappe, est ton maître; celui que tu retiens, est ton esclave. — Une âme fière et honnête, qui a connu les passions fortes, les fuit, les craint, dédaigne la galanterie, comme l'âme qui a senti l'amitié, dédaigne les liaisons communes et les petits intérêts. — L'homme vertueux, trahi, abandonné, se réfugie dans sa conscience. — Vivre au milieu d'un peuple qui n'a pas de sentiments religieux, c'est vivre au milieu des bêtes féroces : telle est l'opinion de tous les gens de bien. — Pourquoi se prévient-on tous les jours contre des gens dont on n'a jamais eu à se plaindre ? Il est bien vrai cet adage qui dit : « Que de gens réputés méchants, avec lesquels on serait trop heureux de passer sa vie entière ! » — Plus on est élevé, plus on doit craindre; les riches sont toujours plus exposés que les pauvres; et la foudre, en tombant, frappe les plus hautes montagnes. — C'est bien à tort que les personnes qui obligent, seulement pour leur intérêt, demandent qu'on leur en ait obligation.

La modestie est au mérite ce qu'une gaze légère est à la beauté; elle peut en diminuer l'éclat en apparence, mais elle en rehausse le prix en réalité. — Le sot se reconnaît à six attributs : il se fâche sans motif; il parle sans utilité; il se fie sans connaître; il change sans raison; il interroge sur ce qui lui est étranger; enfin, il ne sait pas distinguer son ami de son ennemi. — Un riche sans libéralité est un arbre sans fruit. — Quand un homme ne sait pas apprécier sa faiblesse, et qu'il s'obstine à des entreprises supérieures à ses forces; quand, par un accès de présomption, il s'abandonne à l'amour-propre qui l'égare, défiez-vous de lui, sa société ne peut être que funeste, parce qu'il n'enfante jamais que de dangereux systèmes. Il rira un jour, mais il pleurera toute une année.—Une seule journée d'un sage vaut mieux que toute la vie d'un sot. — Un bon livre est le meilleur des amis. Vous conversez agréablement avec lui, lorsque vous n'avez pas un ami auquel vous puissiez vous fier. Il ne révèle pas vos secrets, et il vous enseigne la sagesse. — Les hommes et les affaires ont leur point de perspective; il y en a qu'il faut voir de près pour en bien juger, et d'autres dont on ne juge jamais aussi bien que quand on en est éloigné. — Les plus hautes dignités ne sont que de beaux piédestaux, où l'on ne doit paraître que fort petit, quand on ne s'y est pas élevé par sa propre vertu et par son propre mérite.

Le plus bel héritage qu'un père puisse laisser à ses enfants, héritage mille fois préférable aux plus riches patrimoines, c'est la gloire de ses vertus et de ses belles actions. — Dans une histoire contemporaine, il y a toujours beaucoup de choses mal sonnantes pour beaucoup d'oreilles. — Une chose injuste ne saurait être ni avantageuse ni utile. — L'abbé Fouquet, favori du cardinal Mazarin, ayant poussé la hardiesse jusqu'à montrer sur une carte l'endroit où monsieur de Turenne devait passer une rivière, ce maréchal lui donna sèchement sur le doigt, et lui dit: « Monsieur l'abbé, votre doigt n'est pas un pont. »— La vraie grandeur a ses racines dans le cœur, et non dans la tête. — Il n'y a pas de calculs plus rapides que ceux de l'égoïsme. — Un auteur injustement critiqué s'en consolait en disant: Quand on ne dira plus de mal de moi, c'est qu'il n'y aura plus de bien à en dire. — J'ai lu dans un manuscrit de Lavater: « Le grand bonheur est dans le flux et le reflux de donner et de recevoir. »—L'immortalité de l'âme ne saurait être une chimère. Oui, je serais fâché de ne pas croire que mon âme est immortelle; et, en cela, j'avoue que je ne suis pas aussi humble que les athées. J'ignore comment ils pensent; pour moi, je ne veux pas troquer l'idée de mon immortalité contre celle de la béatitude d'un jour. Je suis charmé de me croire immortel comme Dieu même. Indépendamment des idées révélées, celle que j'ai d'un Dieu vengeur et rémunérateur me donne une très-forte espérance de mon bonheur éternel : cette espérance me soutient, et je ne voudrais pas y renoncer (Montesquieu).—N'est-il pas vrai de dire que l'amour-propre est le plus grand de tous les flatteurs? — La vertu est l'habitude des bonnes actions; le vice est celle des mauvaises. — Une action est bonne ou mauvaise, selon qu'elle est, ou non, conforme aux lois.

L'intérêt parle toute sorte de langues, et joue toute sorte de personnages, même celui de désintéressé. — Le caprice de notre humeur est plus bizarre que celui de la fortune. — La sincérité est une ouverture de cœur; on la trouve en fort peu de gens, et celle que l'on a coutume de voir, n'est qu'une fine dissimulation pour attirer la confiance des autres. — Si nous n'avions pas d'orgueil, nous ne nous plaindrions pas de la vanité d'autrui.—Ce que les hommes sont convenus d'appeler amitié, n'est souvent qu'une société, un ménagement réciproque d'intérêts, un échange de bons offices; ce n'est enfin qu'un commerce où notre amour-propre se propose toujours quelque chose à gagner. — Le génie qui étudie la nature et la médite, s'assied sur la première marche du trône de l'Eternel; il y entrevoit l'univers. — La vie n'est qu'un songe dont la mort est le réveil, et l'homme qui marche entre la vie

et la mort, est un spectre errant pendant la nuit. — La
table du riche insulte à la faim du pauvre. — Qu'il est
amer de ne voir le bonheur que par les yeux d'autrui !
— La vérité est éternelle comme Dieu ; on la méconn-
naît, on l'outrage, mais on ne l'anéantit pas. — Un sot
dans l'élévation est un homme placé sur une émi-
nence du haut de laquelle tout le monde lui paraît
petit, et d'où il paraît petit à tout le monde.—La pire
de toutes les mésalliances est celle du cœur. — Con-
sultez les vieillards ; ils apprirent à leurs dépens la
route de la vie, et vous empêcheront de vous égarer.

C'est avec raison qu'on dit d'un homme tout à fait
malheureux : Il tombe sur le dos, et se casse le nez. —
Une femme impérieuse, sans esprit, et qui veut plaire,
est un pauvre qui commande qu'on lui fasse l'aumône.
— Le grand art de plaire dans la conversation est de
faire que les autres y soient contents d'eux-mêmes.—
Détromper un homme préoccupé de son mérite, c'est
lui rendre un aussi mauvais service que celui qu'on
rendit à ce fou d'Athènes qui croyait que tous les vaisseaux qui arrivaient dans le port étaient à lui. — La
femme qui s'estime plus pour les qualités de son âme
ou de son esprit, que pour sa beauté, est une femme
supérieure à son sexe. Celle qui s'estime plus pour sa
beauté, que pour son esprit ou pour les qualités de son
âme, est de son sexe. Mais celle qui s'estime plus pour
son rang ou pour sa naissance, que pour son esprit ou
pour son âme, est au-dessous de son sexe.—Que m'importent vos talents, si vous ne les employez que pour
vous-même?—Les premiers mots qu'une nourrice du
fils d'un roi doive lui inculquer, sont « *Je pardonne.* »
Le pardon, en effet, n'est-il pas la plus noble vengeance et le plus bel attribut d'un roi?—C'est à l'amour
maternel que la nature a confié la conservation de tous

les êtres ; et, pour assurer aux mères leur récompense,
elle l'a mise dans les plaisirs et même dans les peines
attachés à ce délicieux sentiment. — La philosophie
triomphe aisément des maux passés et à venir, mais
les maux présents triomphent d'elle. — Il faut de plus
grandes vertus pour soutenir la bonne fortune, que
pour supporter la mauvaise. — L'état de société ne
fait pas, ou du moins ne devrait pas faire cesser l'égalité : au contraire, elle devrait l'assurer et la défendre.

Le bonheur des hommes doit naître de la morale
bien conçue. — Les anciens, ainsi que les modernes,
ont attaché une idée de noblesse à l'oisiveté ; cependant
l'oisiveté est la source de tous les maux, dans la politique et dans la morale. — Quand les lois seront simples, les mœurs le seront aussi ; l'amour de ses semblables conduit infailliblement à la bonté des mœurs.
— Quelle pouvait être la puissance des lois, quand
l'homme du peuple voyait son pareil conduit à l'échafaud pour le même crime qui envoyait un seigneur en
exil ? — L'égalité des richesses est une chimère qui n'a
pas d'exemple ; le partage des terres ne vaut rien, ni
comme action, ni comme loi. — Peu de gens connaissent la mort ; on la souffre ordinairement, non par
résolution, mais par stupidité et par coutume ; et la
plupart des hommes meurent, parce qu'on ne peut
s'empêcher de mourir. — Si nous n'avions pas autant
de défauts, nous ne prendrions pas autant de plaisir à en remarquer dans les autres. — Quoique les
hommes se vantent de leurs grandes actions, elles sont
fort souvent, non pas les effets d'un grand dessein, mais
les effets du hasard. — Notre défiance justifie la trom-
perie d'autrui ; mais, selon moi, il est plus honteux
de se défier des autres que d'en être trompé. — Certains vieillards aiment à donner de bons préceptes,

pour se consoler de n'être plus en état de donner de mauvais exemples. — Rien ne doit diminuer autant la satisfaction que nous avons de nous-mêmes, que de voir que nous désapprouvons dans une circonstance, ce que nous approuvions dans une autre.

Les instants sont à nous, n'attendons pas les années. *Aujourd'hui* est là, gardons-nous de le perdre; si *demain* arrive, tant mieux! il faudra le traiter comme un ami que le ciel nous envoie, et le fêter, dût-il partir le soir même. — Celui qui a tâché de vivre de manière à n'avoir pas besoin de songer à la mort, la voit venir sans effroi. — Qui s'endort dans le sein d'un père, n'est pas en souci du réveil. — Les mauvaises maximes sont pires que les mauvaises actions. Les passions déréglées inspirent les méchantes actions; mais les méchantes maximes corrompent la raison même, et ne laissent plus de ressources pour revenir au bien. — Choisissons nos modèles dans l'antiquité, parce qu'ordinairement on ne nous y présente que de grands exemples. Dans les modernes, l'imitation peut avoir ses inconvénients; rarement les copies réussissent. Il y a longtemps qu'on a dit que toute copie doit trembler devant son original. — L'histoire transmet à la postérité les vertus des hommes célèbres et les crimes des méchants; on ne saurait donc trop lire l'histoire, qui nous donne la mesure de vénération que nous devons avoir pour les uns, et d'aversion que méritent les autres. — La futilité des préséances me rappelle un mot charmant de madame Palatine de Bavière, abbesse de Maubuisson. Une autre abbesse, se disposant à lui faire visite, fit demander si on lui donnerait la droite. « Depuis que je suis religieuse, dit madame Palatine, je ne connais ni la droite ni la gauche, que pour faire le signe de la croix. »

L'ENFANT ET LE MIROIR.

Un enfant élevé dans un pauvre village,
Revint chez ses parents, et fut surpris d'y voir
Un miroir.
D'abord il aime son image,
Et puis, par un travers bien digne d'un enfant,
Il veut outrager ce qu'il aime,
Lui fait une grimace, et le miroir la rend ;
Il lui montre un poing menaçant,
Il se voit menacé de même.
Notre marmot, plein d'un dépit extrême,
Veut se venger du miroir insolent ;
Et le voilà criant, pleurant, frappant la glace.
Sa mère, qui survient, le console, l'embrasse,
Tarit ses pleurs, et doucement lui dit :
N'as-tu pas commencé par faire la grimace
A ce méchant enfant qui cause ton dépit ? —
Oui. — Regarde à présent ; tu souris, il sourit ;
Tu tends vers lui les bras, il te les tend de même ;
Tu n'es plus en colère, il ne se fâche plus ;
De la société tu vois ici l'emblème :
Le bien, le mal nous sont rendus.

DEUXIÈME PARTIE.

EXERCICES

Sur QUELQUE... QUE; QUEL QUE ; QUELQUE... QUE (adv.);
TOUT.

Quelque science que l'on possède, on est toujours
fort ignorant. — Quelle que soit votre religion , ayez
à cœur de respecter celle des autres. — Cette jeune
négresse, toute meurtrie de coups, alla porter plainte
aux magistrats, qui, tout prévenus qu'ils étaient contre
elle, lui rendirent cependant justice. — Quelle que
puisse être la décision des arbitres , nous nous y sou-
mettrons de plein gré.—Les chemins par où elle passa
étaient tout jonchés de fleurs. — Quelque peine que
vous leur appliquiez, elle ne sera jamais proportionnée
à la grandeur du délit.—Quelque difficiles que soient
les circonstances où nous nous trouvons , il nous sera
facile de réparer tous ces désastres. — Quelles que
puissent être nos opinions politiques , la cause des
Grecs est la nôtre, a dit un ministre. — Tout aveugle
qu'était cette mère sur le compte de ses enfants, elle
ne leur pardonnait aucun des vices qui dénotaient l'insensibilité ou la méchanceté. — Sous quelque forme
que vous présentiez cet écrit , il plaira au plus grand
nombre des lecteurs. — Quelques peines que les édi-
teurs auraient pu prendre, cette seconde édition aurait
été défectueuse et incomplète.

Quelque opinion que vous ayez de ce jeune homme,
quelques bons témoignages qu'on vous ait rendus de

lui, il ne se démentira dans aucune occasion.— Cette femme, tout insensée qu'elle vous paraît, a su administrer son bien et gouverner sa famille. — Quelque coupables que des hommes puissent être, le devoir du soldat est d'épargner les vaincus. — Quelle que fût la faction qui dût prévaloir, le trône d'Angleterre était alors en péril. — Je sais que vous avez là-dessus une opinion tout opposée à la mienne ; cependant, quelle qu'elle puisse être, je ne la blâme pas. — Quelques choses que nous sachions, nous en ignorons encore bien davantage.—Sa conduite, toute blâmable qu'elle est, lui a valu des éloges. — Quelle que vous paraisse cette faute, je la trouve plus grave qu'on ne pense, à cause des suites qu'elle a eues. — Quelques moyens qu'on emploie, vous les trouvez toujours bons, quoiqu'ils soient souvent injustes.—Votre fils et moi étions tout près du bois, quand la foudre est tombée ; quelque frayeur que nous ayons ressentie, nous sommes demeurés assis pendant l'orage. — Quelles que soient nos facultés, nous devons faire du bien aux malheureux. — Quelque belle que soit la science, la vertu la domine.   — :

Quelques richesses que nous possédions, de quelques titres que nous soyons revêtus, il faudra y renoncer un jour. — Cette forme de gouvernement, tout étrange qu'elle était, se maintint néanmoins pendant plusieurs siècles consécutifs.—Quelque affliction que cette mort vous ait causée, n'oubliez pas, madame, que vous avez d'autres enfants qui, quelque grands qu'ils soient, ont encore besoin de vos conseils. — Tout courageux que fussent les soldats romains, on sait pourtant qu'ils furent défaits par les Gaulois. — Quelques belles choses que vous disiez, elles ne seront pas goûtées, si votre prononciation est vicieuse. —

Quels que soient vos immenses domaines, quels que soient vos manufactures et vos châteaux, vous quitterez ces objets chéris. — Rome, pour eux, n'est pas dans Rome, elle est toute où il y a des tableaux et des statues recherchés.—Quelle que soit l'heure, partons au plus tôt pour nous rendre à la ferme.—Toute autre que votre mère aurait perdu courage dans cette circonstance; mais elle sait que, tout malheureux qu'ils sont, les hommes doivent espérer en la Providence. — Quelque frayeur que la mort nous inspire, ne la regardons que comme le commencement d'une meilleure vie.

Les feuilles et les fruits nous parurent encore tout humides des pleurs de l'Aurore. — Quelque fortune que vous possédiez, vous serez malheureux, si vous ne savez pas en jouir. — Quelque difficiles que soient ces règles, on peut les concevoir et les mettre en pratique. — Nous sortirons de ces lieux à quelque heure que ce puisse être. — Quels que soient ces ouvrages, je ne veux pas vous les emprunter. — La rivière d'Oise coule tout lentement.—Quelles que fussent les vues de César, on ne put jamais les connaître avec certitude. — Cette jeune personne, toute dissipée qu'elle vous semble, fait néanmoins des progrès étonnants. — Quelle que soit votre science, vous devez faire paraître une modestie encore plus grande. — Ils voulaient qu'on ne laissât pas se fortifier une conspiration encore toute naissante. — Quelle que vous semble votre mémoire, vous en tirerez parti en la cultivant.—De même que Minerve sortit tout armée du cerveau de Jupiter, de même l'abondance sortira du sein de Cybèle, toute couronnée de fruits et de moissons. — Quelques grands obstacles que nous rencontrions, nous saurons les vaincre; et nous mériterons des éloges, quelque difficiles qu'il soient à obtenir.

Les plus grands philosophes, tout éclairés qu'ils sont, ignorent les véritables causes de bien des effets naturels. — Elle témoignait une grande sollicitude aux malades, aux infirmes, quelle que fût la nature de leurs souffrances. — Quels que soient les plaisirs dont nous jouissions dans ce bas monde, la somme des maux l'emporte sur celle des biens. — Nos arbustes, quelle que fût leur exposition, étaient tout couverts de givre. — Il a embrassé dans ses nobles vues l'humanité tout entière. — Tout certains que nous sommes de mourir un jour, nous vivons cependant comme si nous devions toujours vivre. — Les augures avaient déclaré que, quelle que fût la division de l'armée qui serait vaincue, son général devait se dévouer pour son pays. — Ce jeune homme se serait livré à toute autre profession, si l'on n'avait pas violenté ses goûts. — Par un seul point, Dieu emplit l'immensité tout entière. — Quelle qu'ait été mon indulgence à votre égard, deviez-vous abuser de mon caractère pour me nuire? — Les cornes de ces animaux étaient surmontées de torches enflammées, en sorte que la forêt voisine paraissait toute en feu. — Quelle que vous semble cette maison, je la trouve trop peu commode. — Je ne concevais pas qu'elle pût demeurer tout interdite, n'ayant rien à se reprocher.

Toutes dangereuses que sont ces sociétés, vous n'avez pas voulu les fuir pour votre intérêt.—Il leur adressa des paroles obligeantes, et les renvoya tout confus à Rome. — Quelque ridicules que soient ces expressions, vous ne craignez pas d'en faire usage.—Si vous saviez mieux nous apprécier, vous auriez une conduite tout autre. — Quelles que soient les grâces dont le Seigneur nous comble tous les jours, nous n'en paraissons pas plus reconnaissants. — Contemplez vos semblables tout meurtris de coups, et compatissez à leurs maux.—La mer était alors toute couverte de vaisseaux; les remparts étaient tout chargés de soldats. — Quelque persuadés qu'ils fussent de l'insuccès de leur entreprise, ils y persévérèrent jusqu'à la fin. — Toute autre que cette princesse courageuse aurait succombé dans une lutte aussi pénible.—La vertu, tout austère, toute rigide qu'elle est, fait goûter de véritables plaisirs. — Quelle que vous semble l'opinion émise par cet orateur, elle a été accueillie favorablement par l'auditoire. — Cette fenêtre était tout ouverte, j'ai dû la fermer de peur d'accident. — Tout avantageuses que sont ces conditions, je n'y souscrirai pas. — Cette église était alors toute remplie de fidèles qui venaient implorer la bénédiction du Très-Haut. — Que toutes les familles, quelles que soient les nuances d'opinions qui les aient divisées, se réunissent à un même banquet.

Quelques avantages que vous ayez reçus de la nature, craignez de vous en glorifier. — J'aurais pu, dans toute autre circonstance, excuser son manque d'égards; mais, dans celle-ci, quelque indulgence que je vous paraisse avoir, je ne puis justifier cette faute. — N'outrageons pas la nation en la chargeant tout entière d'un jugement dont elle déplore l'injustice. — Quelque attention que mît cette princesse à se dérober aux hommages du peuple, elle recevait un tribut universel de louanges. — Qu'importent à la grandeur suprême du créateur, dit le déiste, et vos hommages et vos louanges, quelque vrais qu'ils puissent être? — Quelles que soient nos souffrances, nous saurons les endurer sans plainte et sans murmure. — Une loi, quel qu'en soit l'objet, et quelle que soit sa date, ne peut être abrogée que par une autre loi. — Cette révolution, le soleil ou toute autre étoile la fait en vingt-quatre heures. — La bienveillance et l'intérêt tout particuliers que votre père m'a témoignés, ne s'effaceront jamais de mon cœur. — Il y a des gens qui n'entendent pas raillerie sur la critique, toute mesurée qu'elle puisse être. — Quelle que soit l'étendue des lettres écrites en prose, quelque matière qu'elles traitent, on les nomme toujours lettres. — Les cœurs bien placés sont toujours étonnés des perfidies, quelque fréquentes qu'elles soient parmi nous. — Ces foudres de guerre, tout étonnants qu'ils sont, n'ont rien qui m'épouvante.

L'ouvrage aurait pu, dans toute autre circonstance, se passer de ces vignettes qui sont un appât du jour de l'an. — L'opinion s'est prononcée, elle est toute pour nos honorables amis. — Quelque habiles que nous soyons, ne faisons pas un vain étalage de notre science. — Nous avons assisté à une brillante réunion; on y comptait vingt femmes, toutes aimables, toutes spirituelles, et autant d'hommes tous instruits, tous remplis de prévenance et de politesse. — Quelles que fussent les chances des événements, il sut conserver l'amitié des rois ses alliés. — Cette maison lui devint tout aussi agréable qu'à moi-même, parce que nous y vivions librement, quelle que fût la réunion qui avait lieu tous les jours. — Quelle que soit notre destinée à venir, remercions Dieu de nous avoir montré le magnifique spectacle de la nature. — Toute habileté dans un art quelconque mérite des éloges. — Quelques lumières, quelques traits d'esprit qu'on ait, rien n'est plus aisé que de se tromper.—Castor et Pollux, tout courroucés qu'ils étaient contre le poëte Stésichore, se laissèrent pourtant fléchir.—Il est des servitudes que nous devons respecter, quelque gêne qu'elles nous imposent. — Henri IV aima mieux n'avoir pas la ville de Paris, que de l'avoir toute ruinée.—Je ne parlerai point de ces vies toutes marquées de crimes, où des jours d'iniquités ont toujours suivi des jours d'iniquités.

La même cause produit toutes les maladies, quels que soient leur dénomination et leur caractère. — Ce livre a l'avantage d'offrir tout exploitée, une mine de faits et d'exemples importants et curieux tout à la fois. — Il faudrait occuper cet enfant de toute autre chose pour le détourner entièrement de celle-ci. — Cette demoiselle est toute à la danse ; elle ne s'occupe guère des détails de sa maison, quelque peu compliqués qu'ils soient.— Le goût, dans les belles-lettres comme dans toute autre chose, est la connaissance du beau.—Cette dame parut tout émue en revoyant son fils et sa fille qu'elle n'avait pas vus depuis longtemps.—Quelle que vous paraisse cette opinion, bien des gens l'ont trouvée tout à fait erronée. — Tout occupée de plaire au roi, cette femme négligeait le soin de sa réputation.—Ces assemblées, quelles qu'elles aient été, ne nous ont jamais offert ces scènes de désordre et de scandale que nous avons vues se reproduire sans cesse chez des peuples qui se sont crus plus éclairés.—Quelque indulgence qu'on ait, on ne pardonne pas à qui prend au mot, quand on parle de soi avec modestie. — S'il y avait quelque différence entre l'orateur et le philosophe, elle serait toute à l'avantage de l'éloquence. — Les gens qui ne sont pas à leur place, quelle que soit leur situation, ne se trouvent jamais dans leur assiette. —

Ces dames demeurèrent tout interdites à la vue de
ce brillant phénomène. — Les soldats de César, s'ils
avaient été tout autres, auraient succombé dans cette
lutte pénible.

Cette jeune personne est tout autre que je ne l'ai
vue autrefois; c'est tout une autre femme. — Ils brû-
lèrent les vaisseaux des ennemis, quelques efforts
qu'ils fissent pour les en empêcher.—La paix viendra-
t-elle bientôt nous rendre tout entiers aux beaux-arts?
— Ils sont tout seuls comme le spectacle éternel du
reste de la terre. — Quelles qu'aient été ses occupations, il a toujours trouvé moyen de nous rendre service. — J'aperçois ces vastes plaines toujours calmes
et tranquilles, mais tout aussi dangereuses.—Sa physionomie est toute bonne, tout honnête, et pleine d'esprit. — Quels que soient vos projets, quelque bien
conçus qu'ils vous paraissent, personne ne saurait les
approuver. — Cette maison, tout exiguë qu'elle est,
me convient pour sa situation. — Nous aperçûmes de
loin cette jeune personne qui faisait la tout aimable.
— Quelle qu'eût été l'issue de la guerre, Domitien
était résolu de se faire couronner. — Ces femmes,
toutes modestes, tout indulgentes qu'elles paraissent, ont cependant le caractère inégal. —Je ne croi-
rais pas ce fait, s'il m'était attesté par toute autre personne que vous. — Cette vie, tout affreuse qu'elle est,
m'aurait paru douce loin des hommes ingrats et trompeurs. — Quelques doctes que vous soyez, mes amis,
vous ignorez encore bien des choses. — La gueule de
ce monstre était toute couverte d'écume. — Serait-il
possible qu'un homme, quelque extrordinaires, quelque étendus que fussent son activité et son génie, suffît
à un aussi grand nombre de travaux?

Quelque esprit que vous ayez, ou dites quelque chose qui vaille mieux que le silence, ou taisez-vous, je vous prie. — Quelques bonnes œuvres que nous fassions, elles ne sont comptées pour rien, si elles ne sont pas accompagnées de l'humilité. — On admire en lui cette réputation subite qui est sortie tout éclatante de l'obscurité de sa retraite laborieuse. — Ce fait, quelle qu'en soit l'époque, s'est passé et a été raconté de diverses manières. — Quelques admirables promesses que vous me fassiez, je ne puis y croire. — Votre mère, tout instruite et toute judicieuse qu'elle est, tombe souvent dans d'étranges méprises. — Quelle que soit votre naissance, de quelques dignités que vous soyez revêtu, vous ne devez mépriser personne. — Les portraits vivants de tous ces illustres personnages, à quelque nation qu'ils appartiennent, sont tous habillés à la manière de leur pays. — Quelque rigoureusement démontrées que vous paraissent vos assertions, nous ne pouvons y ajouter foi. — Le peuple s'est mis dans la tête que son âme revient tout en feu dans l'église. — Quel que soit le mérite de ces vers, quelques délicatesses qu'ils renferment, ils ne pourront faire oublier ceux que vous avez écrits sur le même sujet. — Bien que sa vertu était un fort grand éclat au dehors, c'était tout autre chose au dedans. — Cette dame nous paraît toute consolée des disgrâces qu'elle a essuyées. — Ne nous chargeons pas tout seuls de cette entreprise, quelques heureux résultats qu'elle puisse avoir. — Ces poissons sont encore tout en vie, quoiqu'ils soient depuis longtemps hors de l'eau.

Nos dames parurent toutes surprises de nous voir arriver dans ce moment. — Quelques avertissements qu'on eût donnés à César, il voulut néanmoins se rendre au sénat. — Quand je n'aurais que cet avantage dans ma méthode, pour cela seul il faudrait la préférer à toute autre. — Quelle que soit la confiance qu'il ait en son talent, il n'a pas bien vu le but de la poésie didactique. — Quelque éclairés que nous soyons, il nous importe de consulter les gens expérimentés. — Ces odes peuvent être fort belles, mais je n'ai pas le courage de les lire tout entières. — Cette pauvre servante est venue tout ingénument confesser la faute qu'elle avait commise. — Les jeunes gens, tout inconsidérés qu'ils sont, écoutent de temps à autre le langage de la raison.—Il n'est pas possible de soutenir une pièce tout entière avec une seule situation. — Quelque secs que ces détails puissent paraître à certains lecteurs, d'autres pourront les trouver agréables. —Ne croyez pas que cette reine, quoique tout occupée de son salut, n'ait point eu part aux événements du siècle. — Quelle que paraisse notre félicité, nous éprouvons souvent des peines intérieures.—Quels que soient ses penchants vers le mal, celui qui craint Dieu les surmonte toujours. — Ces jeunes gens, tout avisés qu'on les dit, me paraissent avoir manqué de prudence. — Quelques véritables amis que nous possédions, nous avons encore un plus grand nombre d'ennemis. — Quelles que soient vos dignités, vous ne devez jamais oublier votre première condition. — Quelle que se montre à nous cette sirène enchanteresse, nous devons la fuir sans hésiter. — Quelle que soit la rigueur du froid, nous prenons tous les jours un exercice salutaire.

Quelle que soit cette combinaison mystérieuse, personne ne saurait la méconnaître. — Quelque bonne opinion qu'on ait de nous, notre orgueil nous persuade que nous valons mieux encore. — Le chien n'a pas d'ambition, il n'a aucun désir de vengeance, il n'a d'autre crainte que celle de déplaire ; il est tout zèle, tout ardeur et tout obéissance. — Quelques offres séduisantes que nous fasse un ennemi, nous ne devons pas nous y fier imprudemment. — Quelque vive qu'ait été l'attaque, quelque opiniâtre que puisse être la défense, l'issue de cette lutte ne saurait être douteuse. — Hélas! reprit cette malheureuse mère, je vais donc tout en vie descendre lentement dans le séjour des morts! — Quelque honte que nous ayons encourue, nous avons toujours la faculté de réparer nos fautes par une meilleure conduite. — J'ai vu cette jeune personne au pied des autels, elle était tout en larmes.—Ces femmes, tout intimidées qu'elles étaient, ont montré beaucoup de présence d'esprit. — Quelque corrompues que soient nos mœurs, le vice n'a pas encore perdu toute sa honte.— Loin d'ici ces maximes de la flatterie, que les rois naissent tout habiles, et que leurs âmes privilégiées sortent des mains de Dieu toutes sages et toutes savantes! — Les choses qu'on se persuade volontiers seront toujours crues, quelque déraisonnables qu'elles puissent être. — Eucharis, rougissant et baissant les yeux, demeurait derrière tout interdite, sans oser se montrer.—Tous les peuples de la terre, quelque différents qu'ils soient de langage et d'inclination, paraissent avoir des notions certaines du juste et de l'injuste. — Les hommes, quelque méchants qu'ils soient, ne sauraient paraître ennemis de la vertu.

Cette personne, tout imparfaite qu'elle vous semble, est remplie de bonnes qualités. — Leurs vaisseaux étaient tout chargés des dépouilles de l'Orient. — Les princes, quelle que vous paraisse leur puissance ici-bas, ne peuvent disposer que des honneurs et des dignités. — Quelque bons que ces livres vous semblent, je ne crois pas que vous deviez les lire. — Ce prince méritait une tout autre fortune. — Tout méchants, tout pervers, tout injustes que sont ces hommes, on ne les verra pas accomplir leurs odieux projets.—Quelle que soit votre condition, ne négligez aucun moyen de vous instruire. — Quelques honneurs qu'on ait rendus à Racine, il n'en a pas encore obtenu autant qu'il en a mérité. — Ces murs, sous lesquels vous avez combattu, sont tout pleins de vos exploits. — Quelque ingénieux que fussent les Grecs et les Romains, ce n'est point à eux que l'on doit la découverte de l'imprimerie. — Mademoiselle, il faut que vous arriviez tout de suite, quand je vous appelle, quelques occupations que vous puissiez avoir. — Quelques efforts que nous fassions pour mériter l'estime publique, ils seront nuls, si nous ne pratiquons pas la vertu. — Les yeux de vos princesses n'étaient pas accoutumés à voir ces murs tout nus.—Quelle que vous semble cette montagne, elle est souvent couverte de neige. — Dussé-je être enseveli sous ces murs tout fumants, je ne trahirai pas les devoirs que m'impose l'honneur. — Quelle que soit l'origine des bienfaits, il ne sied pas à la reconnaissance d'en scruter les motifs.

Quelques torts que j'aie, quelque injuste que je me sois montré, je veux vous dévoiler mon âme tout entière. — Tout engageantes, tout aimables que soient ces propositions, je ne puis les accepter. — Ces deux enfants étaient tout en pleurs ; je ne pus leur refuser un peu d'aide. — Qu'elle qu'ait été la gloire des grands hommes, elle a toujours eu à craindre l'envie, qui, sous quelque forme qu'elle se présente, cherche toujours les moyens de nuire. — La première partie de ses jours s'était passée toute en expériences ; la seconde, toute en réflexions. — Lorsque nous arrivâmes, la maison était toute en feu ; les habitants s'étaient sauvés, quelque intérêt qu'ils eussent à ne pas abandonner leurs foyers. — Quelle que soit la miséricorde de Dieu, sa justice le force à punir les pervers. — Quelques vœux que tu fasses pour mon bonheur, je ne dois plus compter sur des jours purs et sereins. — Mon salut et ma liberté sont tout entre vos mains. — Quelque bonnes que soient vos excuses, je ne puis les recevoir. — Quelques grands avantages que donne la nature, ce n'est pas elle seule, mais c'est la fortune avec elle, qui fait les héros. — De quelque jalousie que vous soyez tourmenté, vous n'obtiendrez rien de ce qui fait l'objet de vos désirs. — Quelques beaux pays que vous ayez parcourus, vous n'avez rien trouvé de comparable à ce site enchanteur. — Toute autre récompense qu'il aurait obtenue, n'aurait pas flatté son ambition. — Tout infinies que sont vos miséricordes, Seigneur, pourrez-vous jamais me pardonner autant d'iniquités que j'en ai commis ?

Quelque prudentes que soient vos sœurs, quelque avisées qu'elles m'aient toujours paru, je les trouve ici en défaut. — Quelque mauvaises que soient ces plaisanteries, elles ont pu blesser la personne qui en a été l'objet. — Quelques honnêtes compagnies que vous fréquentiez, la société de vos parents leur est infiniment préférable. — Quelques excuses que vous donniez, quelle que puisse être votre justification, votre nom ne sera pas sans tache. — Quels que soient les événements qui auront lieu dans le reste des Amériques, il faut mettre l'île de Cuba à l'abri de toute tentative. — Les richesses sont tout pour lui, mais votre amitié est tout pour moi. — De quelques grands talents que la nature vous ait pourvu, faites-les tourner, mon ami, à votre honneur. — Cette jeune dame, quelques plaisirs que lui offrent la société et sa famille, est tout entière à ses occupations domestiques : toute autre qu'elle chercherait peut-être un peu de dissipation. — Quels que puissent être vos moyens de défense, je regarde votre cause comme perdue. — Quelques découvertes qu'on ait faites dans le pays de l'amour-propre, il y reste encore bien des terres inconnues. — Après la faute qu'elle eut commise, cette jeune personne se retira toute honteuse. — Elle parut tout émerveillée en voyant ces jardins suspendus où mille oiseaux faisaient entendre leur ramage; elle était tout yeux et tout oreilles. — Toutes les nations, quelque opposées qu'elles soient par leurs mœurs et par leurs caractères, se trouvent réunies dans un point essentiel, qui est le sentiment intime d'un culte dû à l'Être suprême.

EXERCICES

SUR LES PARTICIPES PRÉSENTS.

Avant Fo-Hi, fondateur de la monarchie chinoise, on voit les hommes vivant en brutes, errant çà et là dans les forêts, ne pensant qu'à dormir et à se rassasier, dévorant jusqu'aux plumes et au poil des animaux, ignorant le mariage et toute espèce de lois et de bienséances. — Je vois tous les jours des ouvriers entreprenant des choses qui sont au-dessus de leurs forces. — Rome bâtie, Rome peuplée, Rome gouvernée par des lois et brillant déjà par quelques victoires, offrait alors un étrange spectacle au monde. — Il croit voir ces reptiles ou suspendus sur sa tête ou rampants à ses pieds. — Ce traité fut d'autant plus heureux que, dans ce temps, d'autres généraux de Justinien, sortant d'Arménie, s'étaient fait battre sur les frontières de la Perse. — On honore leurs cendres encore fumantes, d'un reste d'éloges. — J'ai vu de grands fleuves errant dans l'enceinte des villes. — Ces deux Eglises également gémissantes paraissent irréconciliables. — Je connais bien des jeunes gens consumant leur temps en bagatelles. — Il faut combattre ces passions dangereuses dominant toutes nos facultés. — Les citoyens exerçant un emploi honnête sont partout considérés. — On n'entend par *famille royale*, que les proches parents du roi vivant actuellement. — La religion mahométane d'Ali, dominant dans la Hollande, servit encore à sa puissance. — Des corps de Russes, voltigeant dans ces quartiers, rendaient la marche dangereuse. — Tu foules une terre fumant toujours du sang des malheureux. — On voyait l'assemblée agitée et bruyante par intervalles. — C'est une indisposition provenant du travail continu auquel il paraît s'être livré. — Il serait ridicule de travestir des événements principaux et dépendants les uns des autres. — Des flots de barbares, roulant les uns sur les autres, étendaient leurs ravages sur les contrées populeuses de l'Occident.

Il y avait dans cette pièce deux vers mal sonnants, et offensant les oreilles pieuses, qu'il a fallu corriger. — Les Maures, descendant de leurs montagnes, parcouraient et pillaient l'Afrique. — Cet empire n'était qu'un assemblage de demi-chrétiens sauvages, esclaves des Tartares de Casan, descendants de Tamerlan. — Nous considérons avec plaisir ces troupeaux de bœufs mugissant dans la plaine, et ces moutons paissant sur le penchant de la colline. — J'ai déjà dit que les connaissances purement spéculatives ne conviennent guère aux enfants même approchants de l'adolescence. — Sa bouche dégouttante d'un sang impur s'ouvre comme un vaste abîme. — Est-il bien sûr de ce qu'il voit? c'est une vierge éclatante de jeunesse et de beauté. — Une femme dépendante de son mari et de ses devoirs ne se livre pas à des démarches inconsidérées. — Quel étonnant spectacle! des astres étincelants et fixes qui répandent la chaleur et la lumière, des astres errants qui brillent d'un éclat emprunté; les eaux courantes qui dégradent et sillonnent la terre! — La foudre a frappé ces deux jeunes gens demeurant ensemble à la campagne chez un oncle paternel. — Il fallait donc aller chercher ces hommes courbés sous un joug étranger, et rampant aux pieds des Anglais. — Les Gaulois furent frappés d'étonnement quand ils les virent siégeant sur leurs chaises curules. — Nous voyons tous les hommes allant, venant avec un instinct machinal. — Il parut, il y a deux ou trois siècles, des hommes qui, s'érigeant en interprètes des dieux, nourrissaient parmi le peuple une crédulité qu'ils avaient eux-mêmes. Errant de nations en nations, les menaçant de la vengeance céleste, établissant de nouveaux rits pour l'apaiser, et rendant les hommes plus dociles par la crainte dont ils les remplissaient, ils durent à de grands talents la haute réputation qu'ils s'étaient faite.

On nomma en Angleterre des commissaires ayant rang de conseillers privés et appartenant aux familles les plus notables. — Habitant un des pays les plus fertiles du monde, unissant par leur activité et par leur aptitude toutes les richesses de l'industrie à celles qu'ils doivent à la fertilité du sol, supportant avec

courage les fatigues et les revers, les Alsaciens ont
tout ce qu'il faut pour être heureux. — Sir Thomas
demeure à deux milles de distance de mon habita-
tion ; il a trois filles vivant avec leur mère. — Des
carcasses de vaisseaux à demi brûlées, des bouts de
mâts paraissant hors de l'eau, attestent encore ce déplorable événement. — Les Anglais donnent le nom
de Turkestan à toutes les contrées appartenant au
khan de Bucharie. — Cette cause était pendante à la
cour royale depuis quinze mois. — On fit considérer
les sujets du prince comme gémissant sous le poids de
l'esclavage. — Ce droit était presque généralement
établi dans les terres dépendantes de l'évêché et du
chapitre. — En méditant sur les avantages résultant
des localités spéciales, ils ne doivent pas oublier les
principes généraux que le bons sens prescrit à l'art de
conduire les armées. — L'ardeur croissante des étés
dessèche trop souvent les eaux courantes.—Au milieu
de cette incertitude toujours flottante des opinions
populaires, seul il a toujours été le même. — Les
vertus sur le trône s'y montrent brillantes d'un éclat
qui frappe tous les yeux. — L'ingénieux auteur n'a
pas paru curieux de ces effets dramatiques, si tentants,
à ce qu'il paraît, au théâtre.—Cela ne saurait changer
l'allure toujours hésitante de nos auteurs modernes.—
Sa phrase, toujours étincelante de verve, n'affecte point
des tournures bizarres. — Fuyant devant la lumière,
tremblant d'entendre la vérité, les Dubois et les Mau-
peou détruisirent les tribunaux.

On l'entendit s'expliquer de la sorte sur la demande
tendant à savoir si l'on exercerait quelques poursuites.
— Errants, sans pain, accablés de fatigues, ils parta-
geaient le sort de leurs compagnons d'infortune. — Il
fallut payer la protection du pacha, non par quelques

présents délicats, mais en bonnes guinées sonnantes. — Qu'il est dur de voir des hommes souffrants, et de ne pouvoir les secourir! — Les peuples qui vivent entre eux dans l'état de nature sont toujours forçants ou forcés. — Il a écrit cette histoire en vingt pages étincelantes d'une noble indignation. — Je les ai entendus proclamant que désormais les excédants des produits seront employés à la réduction des taxes les plus onéreuses. — Une gloire immense et d'affreux désastres y sont comme vivants dans tous les souvenirs. —On crut devoir arrêter tous ceux qui s'étaient trouvés voyageant vers six heures du soir. — Le recueil périodique que faisaient paraître dans le temps plusieurs Portugais résidant à Paris vient de se reproduire. — Est-il vraisemblable que Milon se fût présenté dans l'assemblée du peuple, les mains encore fumantes du sang de Clodius? — Alarmés et tremblant pour celui des Horaces qui restait seul contre trois, ils n'étaient plus occupés que de son péril.—Le savant que je viens de citer soutient que les décisions résultant de ces controverses se mettaient par écrit. — Il est plaisant d'examiner ces rois tous agissant et parlant de même, n'ayant aucune physionomie distincte. — On nous fit passer dans une salle resplendissante du feu de mille bougies. — Sa tête, dans le lointain, paraissait rayonnante de gloire; de près, ce n'était que du clinquant.

Maintenant que ces mers se reposent resplendissantes sous un ciel calme, ou qu'elles s'agitent écumantes sous un vent subit et impétueux, que chaque détroit devient une Charybde bouillante entre de nouvelles Scylla, on conçoit quels avantages aurait sur les flottes les plus redoutables une marine grecque organisée d'après les localités. — Le défenseur prit alors des conclusions tendant à ce que l'accusé fût renvoyé absous. — Nous avons connu de prétendus sages souffrant plus volontiers les injures que les contradictions. — Il convient de lui accorder une latitude dans une proportion descendante, en faisant un minimum pour l'amende.—On vit l'Italie fumant encore des feux que la liberté avait rallumés. — J'ai acheté cette petite ferme et les prairies environnantes, pour tirer de celles-ci les moyens d'alimenter ma ferme. — Ils ne sont pas chargés de l'enseignement de quelqu'une des matières appartenant à la Faculté où ils ont pris leur licence. — Le nouvel ordre de choses semble nous promettre une prospérité toujours croissante. — Sur les quatre septièmes restants, les propriétaires ont à se couvrir des frais énormes de correspondance. — J'ai vu les vents, grondant sur ces moissons superbes, détruire en un instant l'espoir du laboureur. — Ces obligations ont eu pour cause la vente des palissades dépendantes des fortifications de la place forte. — La réputation de cet écrivain va toujours croissant, malgré les reproches de ses antagonistes. — Il serait bien étonnant que l'homme se comparât aux animaux, et n'admît entre eux et lui qu'une nuance dépendante d'un peu plus ou d'un peu moins de perfection dans les organes!

L'Espagne s'est trouvée dans une situation correspondante à celle de la France en 1814. — Il ne suffit pas de les montrer agissants, livrés à leurs passions; il faut encore les montrer dans ces instants où l'on cède à la vie.— Madame la comtesse de*** et sa nièce, appelantes d'un jugement du tribunal de commerce, ont comparu aujourd'hui devant la cour royale de Paris.

— J'ai vu ces deux malheureux fils pleurant sur la
tombe de leur mère, et implorant pour elle la miséricorde divine. — On a dû respecter les vaisseaux de
guerre appartenant aux puissances neutres dans le Le-
vant. — Il fut convenu que, l'occupation cessant au 30
novembre, les frais en résultant cesseraient à la même
époque. — Nous aperçûmes de grands corps d'animaux
gisant dans la poussière ; naguère on les avait vus
broutant dans la prairie et se désaltérant dans le fleuve
qui l'arrose. — La science et la vertu sont des trésors
indépendants du caprice de la Fortune. — On a enfin
terminé les contestations existant entre le directeur et
les anciens employés. — L'assurance était faite contre
tous les dangers résultant de l'état de guerre où l'on se
trouvait alors. — Quelques ministres étrangers résidant auprès de la Sublime Porte lui ont offert leur coopé-
ration. — On a vu quelles sont ces machinations tendant à renverser les lois et les traités. — Les bergers
mariaient leurs voix au son de leurs instruments, pendant que leurs troupeaux, bondissant dans la plaine,
paissaient l'herbe fleurie.

Les soixante millions seront balancés plus ou moins
par les millions provenant de la plus-value des impôts.
— Je les peins parlant plutôt qu'agissant; je ne les con-
sidère ni comme parlant ni comme agissant. — Cet en-
duit forme une pâte molle, mais solide et résistant à
l'action du feu. — Ils se proposaient de rendre la liberté à leur patrie gémissant dans les fers d'un dur et
honteux esclavage. — Tous les Français résidant à
Constantinople étaient présents à cette cérémonie. —
On a suivi une marche évidemment contraire aux engagements existants. — Cette jeune fille demeurant alors
en pays étranger accourut pour sauver sa sœur. — La
plupart des auteurs rimants, et surtout leurs libraires,

accusent notre siècle d'être sourd aux accords de la
lyre d'Apollon.—Les princes n'ont pas d'ennemis plus
redoutables que ceux qui, les flattant aux dépens de la
vérité, trahissent leur confiance.—Près de ces cadavres
fumants était une vieille femme à qui le bruit de la
foudre avait ôté l'usage de la parole. — Il existe beaucoup de gens qui, bien que vivant à Paris, n'y connaissent des mœurs que les superficies. — La première de ces productions, étincelante d'esprit, de
finesse et de grâces, est une accumulation de semences
diverses que l'écrivain a jetées au loin sur le sol de
la France. — Ils désiraient que les Portugais fussent
frappés de l'alliance intime existant entre les Français et les Russes. — Cette patente de santé prise
dans le dernier port, devra être signée du consul et
du vice-amiral y résidant. — Ulysse écarta tous les
seigneurs prétendant au trône qu'il avait laissé vacant
à son départ pour Troie. — Il faut réprimer et punir
sévèrement les citoyens se soulevant contre l'autorité
suprême.

On doit vendre une grande quantité d'arbres consistant en chênes, bouleaux, etc., d'une belle espèce,
tous provenant de la forêt de Chantilly. — Les nombreux exploitants de mines de houille ont adressé une
supplique au ministre du commerce. — Il pouvait emprunter beaucoup de faits de la Judée, brillante de
génie comme de miracles. — Comblés de bienfaits par
la famille régnant à cette époque, ils faisaient des vœux
pour son bonheur. — Cette dame, qui était appelante,
a plaidé elle-même sa cause, et on l'a entendue avec
intérêt. — Il demeure au sixième étage de la maison
attenante à celle que mon père habite. — Le château et
l'église étaient alors distants d'une demi-lieue; on est
parvenu à rendre plus court le chemin qui les séparait.

— On voyait les bannières flottant sur toutes les portes de la ville; on entendait les citoyens murmurant contre l'autorité.—Cette tour me paraît dominant la ville et ses faubourgs. — L'endroit dont je vous parle est une petite île dépendante de la province de Sienne. — Ces dames m'ont toujours paru gérant leurs affaires avec une intelligence admirable. — Nous aperçûmes cette ville fumant encore des feux qu'on y avait jetés pour la détruire.—Peut-on regarder ces hommes perdus de mœurs comme appartenant à une société dont ils ne font plus partie?—On vit ce nocher tout joyeux couronner ses vaisseaux triomphants dans le port.

Les noms et le nombre des individus appartenant aux communautés existantes, ont été enregistrés dans les États du pape. — J'ai rencontré plusieurs fois dans la société des individus ressemblant à des singes.—Ces aliments restaurant les forces de l'homme épuisé, ont contribué, je pense, à rétablir notre santé.—Cet homme occupait une boutique attenante à ma maison; il a vendu tous les ustensiles en dépendants. — Ils vivaient sur un rocher de l'Ibérie que les flots écumants baignaient de toute part. — L'historien du général Foy dit que son enfance s'annonça étincelante de grâce et d'esprit. — La Martinique fera faire aux navires arrivant de France des quarantaines contre la petite vérole. — Les faits dont il s'agit au procès ne sont pas prévus, dit-on, par la législation existante. — Dans cette affaire civile, les parties intervenantes furent déboutées de leurs prétentions. — Nous vivions à la campagne avec des fermiers tout à fait réjouissants, et, qui mieux est, jouissant d'une fortune honnête qu'ils consacraient à nos plaisirs communs. — Il est décidé que le gouvernement français sera substitué à celui d'Haïti pour le payement des quatre cinquièmes restants. — La chambre de commerce a adressé au gouvernement une demande à l'effet d'obtenir que les étoffes de soie unies provenant des fabriques françaises, fussent favorisées d'une prime de cinq pour cent. — Au bruit de sa marche, la terre insensible, les fleuves errant sur sa surface, les sommets de l'Atlas, les bornes du monde, tout est ébranlé.

C'est là que tu arroseras de larmes la cendre encore fumante d'un poëte qui te fut cher. — Le loup et le renard chassant dans un bois furent rencontrés par sire lion, qui les mit en pièces. — C'est toi que redoutent les tyrans sous la pourpre, toujours tremblant que tu ne les renverses de leur trône. — Cette précaution n'aura pas eu beaucoup de succès auprès de messieurs les ambassadeurs résidant à Paris. — Les hommes habitant à la campagne vivent beaucoup plus heureux que nos citadins. — Leurs agents firent insérer des articles tendant à prévenir les coups qui allaient frapper l'Espagne. — Quoi de plus déplorable que de voir des jeunes gens vigoureux languissant dans un honteux repos? — L'avocat de mademoiselle Sophie, appelant d'un jugement du tribunal de Versailles, a cru devoir demander la remise de sa cause. — J'ai vu cette bonne mère frémissant encore du coup mortel qui l'avait séparée de son enfant. — On assure que des proclamations brûlantes de patriotisme furent répandues jusque dans les Alvées. — Séville possède la seule fonderie de canons existant pour le service des troupes de terre. — Nous voyons les hommes de tous les pays agissant toujours pour leurs propres intérêts. — Les terres restant entre les mains d'un petit nombre n'ont pas encore été améliorées. — Nous surprîmes ces bûcherons dormant dans la forêt, ignorants qu'ils étaient de la débauche à laquelle ils s'étaient livrés.

Troie renaissant sous de lugubres auspices verra renaître avec elle tous ses malheurs. — On doit se former une opinion personnelle et indépendante de toute espèce de prosélytisme. — Nous rencontrâmes des bergers qui, surveillant leurs troupeaux, paraissaient néanmoins considérer les mouvements des astres. — Quoi! mon fils, tu suivras ces étrangers sur des rivages tout fumants du sang de nos héros les plus fameux. — Le diplôme et l'ancienne bulle furent lus dans cette assemblée, et ratifiés par les prêtres irlandais tremblants devant l'étranger. — Presque toute la noblesse titrée habite Lisbonne, où elle dissipe d'amples revenus provenant des emplois publics. Elle vit aussi des donations et des aumônes du prince, et surtout de la vente qu'elle fait à deniers comptants de ses recommandations. — L'ouvrage fut envoyé à madame de Staël résidant alors à Genève. — Ces malheureux proscrits, errant en tout lieu, imploraient le pain de la pitié. — Les juges siégeant dans divers tribunaux rendirent des arrêts de proscriptions, qui furent bientôt exécutés. — Les particuliers pêchant dans les rivières auront à justifier de la permission qu'on leur aura octroyée. — Les signes de piété existant avant la révolution ont été presque tous conservés ici par un zèle religieux. — Ces bons prêtres ne jouissaient pas d'un véritable repos, tremblant à toute heure qu'on ne le leur ravît.

Il y avait comme deux populations séparées de position et d'intérêt : la population des campagnes, négligée, appauvrie, et une population croissant en nombre et en richesses dans deux villes heureusement situées. — J'éprouvais cette satisfaction résultant d'un sentiment vrai d'indépendance. — Voyez ses yeux étincelants de vengeance, tandis que son visage a le

calme de la mort. — On annonce une vente magnifique consistant en meubles qui sont du plus grand prix.
— Les titres et les honneurs ne suffisant pas à l'iné-
puisable bienveillance de ses maîtres, il était devenu
prince de la paix.— Le roi et la reine, confiants dans
ses promesses le regardaient comme un rempart assuré.
— Une sédition ayant éclaté à Londres, des groupes
nombreux ne cessaient de se former dans les rues
avoisinant l'hôtel de ville. — Tous ont présenté diverses preuves tendant à établir leur bonne foi. — Ces
aliments restaurants doivent lui rendre la vigueur et
l'agilité premières. — Nous vivons tous dans ce monde
dépendants les uns des autres.— Nous avons quelques
coutumes ressemblant à celles des peuples de la Grèce
et de l'Italie. — On les a vus luttant dans ce grand
conflit avec une énergie sauvage. — Dans cette pièce
nouvelle, les personnages, sans cesse courant, entrant,
sortant sans nécessité, ne s'arrêtent que pour fatiguer
inutilement le public.

Les rois sont toujours soumis à Dieu, et en sont dépendants. — Considérez ces oiseaux voyageurs qui,
fuyant la rigueur des frimas, nous apparaissent dans
l'air, les uns s'avançant sur deux lignes droites, les
autres tourbillonnant sans relâche et défiant leurs
ennemis. — Le nouveau bazar qui a été consumé ne
présentait qu'un amas de décombres fumants. — Cette
réponse est le gage le plus assuré de l'union existant
entre les chrétiens des deux communions. — Il avait
su apprécier les grâces de sa nouvelle épouse, brill-
lante de jeunesse et de beauté.—Une autorité classique
a reconnu la jeunesse d'aujourd'hui réfléchissante et
pensante. Mais ce n'est pas sur cette garantie qu'un
ministère prudent, qui la reconnaît impatiente, voudra la voir agissante avant que son heure soit venue,

— Que j'aime à voir des chars roulant dans la poussière, et cherchant à devancer ceux qui les précèdent !
— Mille objets voltigeant dans l'air appellent sur eux l'attention des naturalistes. — Nous nous proposons de montrer bientôt les fils des marionnettes qui s'agitent vivantes sur la scène du monde; nous les compterons, nous les classerons. — Il a montré la persévérance et le zèle tiomphant d'obstacles que l'on aurait pu croire invincibles. — Les ennemis arrivant à perdre haleine vers nos tentes où nous prenions notre réfection, les soldats enlevèrent à la hâte les mets restants. — La queue de la comète était environnée d'une lueur faible qui la faisait ressembler à une étoile brillant à travers un nuage. — Il ne voulut pas appuyer les démarches tendant à faire revenir ce gouvernement de son obstination. — Cette reine, toujours vacant au soin de son empire, ne goûtait aucun instant de repos.

On a pris ici des mesures pour que les arbres morts et manquant le long des grandes routes soient remplacés sans délai. — L'armée vivait confiante dans son chef qu'elle aimait, mais tremblant pour ses jours qu'il exposait. — Les sectes, les partis ont des yeux multipliants; ils voient tous la majorité de leur côté. — Les voix des hommes, des enfants, des femmes, confondues et retentissant comme les flots qui se brisent contre le rivage, s'élevaient jusqu'à Dieu. — Ces héros, mourant tous sur des débris, ont couvert les remparts de leurs restes glorieux. — Les Parthes, toujours remuants, parurent quelque temps disposés à reprendre les armes. — Il lui apporta en mariage le beau château et tous les domaines dépendants de cette baronnie. — Telle on voit l'étoile du matin s'élever du sein des ondes, dégouttante de rosée. — Il nous est arrivé une cagaisonr

consistant en café et en sucre de toute espèce. — Déjà
ils voyaient leurs victimes abattues, palpitant à leurs
pieds. — Ce fut une chose rare que de voir les convul-
sions de la prévention expirante sous la force de la vérité et de la raison. — Tous les globes, obéissant aux lois
éternelles de la gravitation, roulent d'un cours régulier
dans les vastes champs de l'air. — Presque toutes les
nations ont aussi été des sauvages, c'est-à-dire qu'il y
aura eu longtemps des familles errant dans les forêts,
disputant leur nourriture aux autres animaux. — Que
d'énormes débris sur lesquels les assaillants pouvaient
gravir bouillants de carnage!

Nous aperçûmes de loin la plaine d'Olympie, couverte de troupeaux paissant dans toutes les directions.
— Quelques évêques appelants restèrent opiniâtrément
attachés à leur sentiment. — Des bouleaux agités par
les brises, et dispersés çà et là dans la savanne, formaient
des îles d'ombres flottant sur une mer immense de
lumière. — Voyez ces chevaux hennissant d'impatience
et frappant la terre retentissant sous leurs pieds. —
Quant aux maux résultant de la guerre, ils n'attei-
gnirent que ceux qui les avaient provoqués. — Vos
cheveux blanchissant de jour en jour annoncent l'hiver
de l'âge. — Leur compagnie, établie par Louis XIV,
anéantie en 1712, renaissant en 1720 dans Pondichéry,
paraissait, ainsi qu'on l'a déjà dit, très-florissante. —
Que je voudrais tenir ce coquin d'Aréopagite sur un
autel, les bras pendants d'un côté, et les jambes, de
l'autre ! — On fut en droit d'attribuer à ces Africains
des vues tendant à favoriser une troupe de brigands. —
Le vrai philosophe a toujours des biens suffisant à ses
désirs. — On prétend avoir vu des cygnes expirant en
musique et chantant leurs hymnes funèbres. — Cet

extrait que vous faites de tous les mots commençant par *a* privatif, vous sera de quelque utilité. — On vit alors se déployer ces magnifiques enseignes tant de fois triomphant aux yeux de Soliman. — Les traités existant entre la Sublime Porte et ses alliés ont été conclus avec les monarques.

Dans le monde où nous sommes, nous voyons tous les êtres sentants souffrir et vivre au milieu des dangers. — C'est une maladie sérieuse, provenant des excès auxquels il s'est livré pendant sa jeunesse. — Les deux pièces roulant sur les mêmes faits offrent nécessairement des points nombreux de ressemblance. — La ville de Riga était pleine de marchandises appartenant aux Hollandais. — Les chevaux avaient de grandes housses traînantes à la manière des Turcs, dont les Polonais imitent la magnificence autant qu'ils le peuvent. — Nous avons vu cette malheureuse femme gisante au pied d'un arbre, déchirée par une bête fauve. —Ceux-là étaient ardents à tout, prédicateurs, théologiens, missionnaires, courant d'un bout du monde à un autre.—On croit entendre le cours des torrents grondant dans les sombres vallées.—L'idée d'un beau trépas ravit ces héros combattant pour la gloire, et l'assaut ne finit qu'avec les résistants. — Les flots de la mer Égée venaient expirer sous des portiques croulant de toutes parts.—Le conseiller au grand conseil me jugera, si j'ai un procès devant l'auguste tribunal dont on est membre à beaux deniers comptants. — Sa voix enrouée et hésitante ne pouvait achever aucune parole. —Le vent des soufflets et le bruit des marteaux tombant sur l'enclume ne sont pas un excellent accompagnement pour les chants du ménestrel.—Les vagues mugissantes, bouillonnantes, tournoyant sur elles-mêmes, s'élevant au-dessus de ces frêles embarcations, vont les ense-

velir dans de profonds abîmes. — On ne trouve que
des gens avides de connaître leurs voisins, et tremblant
de se connaître eux-mêmes. — Plusieurs savants ont
soupçonné que quelques races d'hommes, ou d'animaux approchant de l'homme, ont péri. — Toute
personne est admise à concourir, excepté les membres
résidents de l'Institut.

Voyant ses abeilles pendantes à une branche de
chêne, il leur présenta la ruche. — Elle admirait sans
cesse sa longue chevelure flottant avec tant de grâce
sur ses épaules. — Voyez cette jeune meute de chiens
brûlante d'ardeur, brûlant de s'élancer sur la proie
qui lui est offerte. — Cet envoyé, chargé du deuil de
tant de héros mourant pour la croix, ne fut point ad-
mis. — Les juges siégeant extraordinairement ont rendu
l'arrêt qu'on a rapporté. — On a adressé à l'Académie
un mémoire sur les rapports existant entre la morta-
lité des enfants et la température. — Le combat n'était
encore que contre la barbarie subsistant dans toute
son horreur ; il fallait l'abattre. — Quoique cette eau
dormante n'ait aucun cours, les vents agitant sa surface
entretiennent sa pureté. — Cette intention a été poussée
jusqu'à la reproduction des signes particuliers de gra-
vure existant dans la maison de cette fabrique nouvell .
— Ce bon père caressait mon Eugénie, parce qu'il la
trouvait ressemblant à sa fille. — Les parties contrac-
tantes doivent se présenter devant l'officier civil, qui
les unira. — Les princes normands conquérants de
Naples, en firent hommage au pape. — Ces enfants
portaient tous des habits resplendissants d'or et d'argent. — Au milieu de cet embrasement général, on
voyait partout des membres fumants, et des enfants
en bas âge expirant sur le sein de leur mère. — Les
membres ont décidé qu'ils ne rééliront jamais un de

leurs collègues sortant des chambres du commerce,
qu'après un an d'intervalle. —On aura l'avantage de
retrouver tout rayonnants de l'éclat de la victoire
ces grands hommes à la gloire desquels on aura élevé
ces brillants trophées. —J'ai applaudi au tableau que
ce jeune orateur nous a tracé des lettres renaissant en
Italie au quinzième siècle. — Les reines ont été vues
pleurantes comme les autres femmes, et l'on s'est étonné de la quantité de larmes que contiennent les yeux
des rois.

EXERCICES PRÉLIMINAIRES

SUR LE PARTICIPE PASSÉ.

Ire RÈGLE.

Les ouvrages terminés. Les occupations interrom-
pues. Les soldats punis. Les troupes abandonnées.
Les ennemis vaincus. Les victoires remportées. Les
batailles et les combats livrés. Nos femmes et nos enfants défendus. Cette princesse devenue reine. Ma
mère est partie. Mes sœurs s'en sont allées. Ces murs
ont été détruits. Ces tours auraient été renversées.
Que sera devenue cette femme? Que seront devenus
ces voyageurs? Ces institutions ont été recréées. Rome
cessa d'être bien gouvernée. La reine et le roi sont arrivés. Nos lettres seront parvenues. Une place lui a été
promise. Une foule de pauvres sont entrés ici. Une
infinité de gens sont délaissés. Un grand nombre de
romans ont été vendus. Une troupe de bergères étaient
élégamment vêtues. Nos bals sont terminés. Nos baux
étaient expirés. Des gens pauvres devenus fort riches.

Le peu d'amis qui me restaient, ont été exilés. La plupart des convives étaient arrivés. Une grande rumeur survenue. La plupart des dames étaient accompagnées. Qu'est-ce qu'est venue faire cette femme ? La tulipe et la rose épanouies. Une grande quantité de loups sont descendus des montagnes. La pierre et le marbre tombés. La plupart de ces bâtiments seront vendus. Des dames fort jolies ont été peintes. Dites-moi ce qu'est devenue cette lettre. Beaucoup de meubles ont été entraînés par les eaux. Des nuits et des jours passés au milieu des plaisirs. La pluie a tombé pendant quarante jours. On l'a amené les mains et les pieds liés. Que seraient devenues tant de belles protestations ? De grandes fortunes ont été acquises et renversées en peu de temps.

IIe Règle.

Ils ont travaillé. Elles ont chanté. Elles ont paru fort gaies. Nous avons traversé ce village. Vous avez couru longtemps. Ils m'ont semblé bien changés. Cette dame dit qu'elle a reçu une lettre de sa fille. Elle a séjourné trois mois à la campagne. Que nous avons vu de patineurs ! Elles ont marché sur la glace. Nous avons contraint ces enfants à travailler. Ils ont écrit sur cette matière délicate. Combien cette femme a lu de romans ! Elle a composé des fables charmantes. Elles nous ont lu cette anecdote. Nous avons cultivé nous-mêmes nos champs. Combien elle a versé de pleurs ! Elles ont paru sensibles à nos reproches. Messieurs, vous avez acheté des laines magnifiques. Il nous a rendu injure pour injure. Cette marchande nous a vendu fort cher ces étoffes antiques. Votre mère nous a beaucoup nui ; elle a cherché tous les moyens de détruire notre réputation. Tu nous as rendu

la vie malheureuse. Elles auraient obligé mon père,
si elles avaient pu. Ils nous ont demandé nos passe-
ports. Mesdames, nous aurions voulu vous aller voir,
mais les circonstances ont nui à nos projets. Mes filles
ont soigné ces plantes, qui ont poussé à merveille.
Que nous avons rencontré de pauvres sur la route!
Votre mère m'a semblé mieux portante. Vos sœurs
nous ont paru disposées à travailler avec plus de zèle.
Ces soldats n'ont pas redouté la mort, laquelle n'a
jamais effrayé les gens braves. Combien nous avons
vu périr d'hommes! Ces pauvres nous ont demandé
du pain et de l'argent; nous leur avons donné tout ce
que nous possédions. Autant nous avons connu d'hommes, autant nous avons rencontré de caractères différents. Plus il ont montré d'application, plus ils ont
obtenu de succès.

IIIᵉ Règle.

Les princes que tu as servis. La vérité qu'ils ont
accueillie. Tu nous as plaints. Messieurs, je vous ai
annoncé à madame. Les possessions que j'ai perdues.
Les animaux que tu as irrités. La table et le secrétaire
que j'ai brisés. Les années que nous avons passées dans
l'affliction. Vos bienfaits, je les ai gravés dans ma
mémoire. Ces règles un peu difficiles, les avez-
vous comprises? Mes jardins, les as-tu vus? La foi que
vous m'avez jurée. Que de batailles il a gagnées! Combien de victoires il a remportées. Les preuves que
nous avons crues suffisantes. Ces enfants se sont bai-
gnés. Cette dame s'est peinte. Nous nous sommes
postés dans cette cabane. Les lettres que j'ai écrites.
Cette jeune personne s'est blessée. Les fleurs que m'a
promises votre jardinier. Les eaux qu'ils ont bues. La
rose que je vous aurais offerte. Les pommes et les

poires que nous avons cueillies. Combien de voitures
j'ai rencontrées! La reine et le roi que j'ai aperçus.
La pendule que nous avons brisée. Les chaînes qu'ils
ont rompues. La mauvaise réputation qu'il s'est faite.
Elles se sont égarées dans ce labyrinthe. Les obligations
que j'ai eues à votre mère. Nos soldats se sont rendus
formidables. Les occupations que je me suis créées.
Les papiers et les lettres que nous avons perdus. Les
olives que nous aurions récoltées. Les règles que j'ai
apprises et que j'ai oubliées. Ma fille, vois où t'a réduite
un besoin de vanité. Les pertes qu'ont éprouvées nos
bons amis. J'ai perdu cette bague dès que je l'ai eue
achetée. Madame, on vous a servie. Mesdemoiselles, on
vous a appelées. Combien de tourments n'ai-je pas
soufferts! Il a répandu cette nouvelle, aussitôt qu'il
l'a eue connue. Combien de vaisseaux a-t-on lancés à
la mer? Cette somme d'argent, quand on nous l'a eue
payée, nous l'avons remise.

IVᵉ Règle.

Vos enfants que j'ai vus courir. Ces demoiselles que
j'ai vues danser. L'actrice que vous auriez entendue
chanter. Ces voyageurs, on les a sommés de descendre.
Ces deux femmes, on les a vues se précipiter dans la
Seine. Les ouvrages que j'ai eus à terminer. Cette
montre, je l'ai laissée tomber. La main que j'ai sentie
me toucher. Le ruisseau que nous avons vu couler. Ces
dames, je les ai envoyées se promener. Les livres que
tu as laissés se pourrir. Ces plantes, je les ai laissées
croître. Les viandes que vous avez laissées se corrompre.
Cette actrice s'est écoutée chanter. Les ouvrages que
nous avons vus se terminer en peu de temps. Vos ci-
seaux que j'ai envoyés à repasser. La malheureuse! elle
s'est laissée tomber. Les pauvres enfants que j'ai vus

entraînés par les eaux. Cette mère de famille que j'ai admirée gouverner sa maison. Ils se sont sentis tomber en défaillance. Que d'étrangers cette femme aura eus à nourrir ! Vos meubles que j'ai laissé vendre par un huissier. Les mères que vous avez vues caresser leurs enfants. La montagne que nous avons sentie trembler. Ces arbres stériles, je les ai laissé couper par mon bûcheron. Les hommes coupables que j'ai toujours entendus se défendre. Ces malheureux se sont vus mourir. Les rois se sont toujours entendu flatter par de vils courtisans. La princesse que nous avons admirée distribuer des aumônes. Votre sœur que nous avons entendu appeler par sa mère. Nous nous sommes laissé dominer par la paresse. Ils se sont vu égorger par des scélérats. Cette porte que nous avons envoyée à réparer. Nous nous sommes entendu injurier par la canaille. Elles se sont senti emporter par le vent. Vos filles que j'ai envoyées danser.

Vᵉ RÈGLE.

Les histoires que j'ai ouï raconter. Les lièvres que nous avons vu poursuivre. Les chansons séditieuses que j'ai entendu chanter. Mes papiers que tu as laissé emporter. Cette eau, je l'ai vu puiser. Votre main que nous avons cru toucher. Vos paquets, je les ai envoyé prendre. Les portraits que j'ai admiré faire. Ces meubles, vous les avez laissé enlever. Ma fille que j'ai envoyé chercher. Cette femme s'est senti piquer. Les monuments célèbres que j'ai entendu louer. Les arbres que j'ai fait vendre et ceux que j'ai laissé couper, ne m'appartiennent plus. Cette pauvre fille s'est vu condamner. Les fruits que j'avais cru manger. Ces dames se sont fait saigner. Nous nous sommes entendu louer. Ces malheureux se sont vu égorger tout vivants. Ma figure que j'ai senti caresser. Les habits que j'ai ordonné de faire. La serrure que j'ai entendu forcer. Les personnes que j'aurais voulu obliger. Les contre-vents que tu as entendu ouvrir. Les précautions que nous aurions dû prendre. Ces jeunes gens se sont laissé conduire en prison. La métairie que j'ai failli acheter. Ces oiseaux que nous avons pensé tuer. Cette personne s'est laissé accuser. Les preuves que j'ai résolu de produire. Les rois se sont vu dépouiller. Cette tragédie que j'ai entendu vanter beaucoup trop. Les placets que nous avons cru devoir présenter au roi. Cette cérémonie qu'on n'a pas laissé achever. Les motifs que ma mère n'a pas cherché à approfondir. Ces acteurs se sont entendu siffler impitoyablement. Cette femme, je ne l'ai pas laissé insulter. Ces soldats se sont fait mettre en prison. Les œuvres que nous avons laissé imprimer. Mes domestiques que j'ai envoyé chercher. Nous nous sommes entendu outrager. Cette jeune personne s'est laissé séduire. Les animaux que vous auriez vu égorger. La victime que nous avons vu conduire à l'autel. La fin du monde que nous avions entendu annoncer.

VIe RÈGLE.

Vous n'avez pas fait les démarches que vous auriez dû. Je lui ai rendu tous les services que j'ai pu. Nous avons obtenu toutes les grâces que nous avons voulu. Ils ont emporté avec eux tous les effets qu'ils ont pu. On lui aurait donné toutes les facilités qu'il aurait voulu. Nous avons évité tous les procès que nous avons pu. Il avait emmené avec lui tous les soldats qu'il avait pu. Je crois avoir fait les aumônes que j'ai dû. Nous leur avons donné les emplois que nous avons pu. Ils ont fait certainement le plus d'heureux qu'ils ont pu. Nous avons eu pour vous tous les égards que nous avons

dû. Vous avez fait toutes les recherches qu'il a fallu.
J'ai obtenu toutes les grâces que j'ai voulu. Je leur ai
fait toutes les politesses que j'ai dû. Il a emmemé, pour
faire le siége, toutes les troupes qu'il a fallu. Ils nous
ont rendu tous les bons offices qu'ils ont pu. J'aurais
obtenu de ce ministre toutes les faveurs que j'aurais voulu. Nous avons emporté avec nous tous les
ustensiles que nous avons pu. Ils auraient livré à
l'ennemi toutes les places fortes qu'ils auraient pu.
Elle vous aurait donné tous les secours que vous
auriez voulu. Les mathématiques que vous n'avez
pas voulu que j'étudiasse. La résolution que vous
avez cru que je prendrais. Les secours que vous avez
pensé que je pourrais vous octroyer. Les dettes que j'ai
su que vous deviez contracter. Les peines que j'avais
prévu que cette affaire vous donnerait. Les ouvrages
que j'aurais désiré vous procurer. La victoire que nous
avons supposé que les ennemis remporteraient. Les
leçons que j'ai bien pressenti que vous ne sauriez pas.
Les lettres que tu avais pensé que j'écrirais. Les car-
tons que j'ai ordonné qu'on m'apportât ici pour les
examiner.

VIIe RÈGLE.

Cette femme s'est lamentée pendant deux jours. Nous
nous sommes éveillés fort tard. Ils se sont hâtés de venir nous trouver. Mes sœurs se sont informées de votre
santé. Ils se sont tus dans cette circonstance. Nous nous
sommes indignés contre un pareil procédé. Ils se seraient fâchés pour peu de chose. Nous nous serions
étonnés si vous aviez agi de la sorte. Votre mère s'est
mêlée de cette affaire. Nous nous sommes avisés d'un
très-bon expédient. Vous vous êtes tous plaints à tort
de ma façon d'agir. Vos frères se sont comportés en gens

d'honneur. Ces citoyens se sont joués de leurs serments. Nos philosophes ne se seraient pas abstenus de vin. Ces enfants se sont moqués de leur maître. Votre sœur s'est servie d'une très-bonne aiguille. Ils se sont souvenus trop souvent de leur puissance. Nous nous sommes assurés de son consentement. Les princes grecs se sont courroucés à cette nouvelle. Nous nous étions doutés de cette intrigue. Nos soldats s'étaient déjà emparés de la citadelle. Pourquoi se sont-elles mises en colère? Nous nous serions entretenus de vos plus chers intérêts. Les ministres se sont adressés au roi. Nous nous sommes aperçus de ce froid accueil. Votre mère ne s'était pas attendue à cette équipée. Que de roses se sont épanouies en un instant! Cette reine s'était vantée de repousser les ennemis. Ils se sont efforcés de vous plaire. Ma sœur s'est enquise de votre santé. Nous nous serions bien gardés de le contredire en rien. Madame, pourquoi ne vous y êtes-vous pas prise plus adroitement! Nous nous sommes tous récriés contre cette injustice. Les soldats se sont révoltés contre leur chef. Ces dames s'étaient fiées à moi. Vos sœurs se sont moquées de vous. Ils se sont engoués de cet homme. Nous nous étions émerveillés à la vue de tant de chefs-d'œuvre. Ma mère s'est beaucoup louée de vos attentions. Ces jeunes gens se sont conduits avec prudence. Ils se sont étonnés de vous entendre parler ainsi. Nous nous sommes toujours plu à faire des heureux. Ces enfants se sont ri de vos menaces. Mes tantes se sont repenties de leur trop grande bonté. Nous nous en sommes tenus aux conditions que nous avons acceptées. Elle s'est bien acquittée de ma commission. Elles se seraient absentées pendant plusieurs jours. Ces magistrats se sont relâchés de leur sévérité accoutumée. Ils se sont plu à faire grâce.

VIIIᵉ Règle.

Une coutume barbare s'était établie dans cette contrée. Puisque les choses se sont ainsi terminées, vous devez être tranquille. De grands changements se sont opérés dans le ministère. Notre société se serait dissoute sans cet événement imprévu. Mes ouvrages se sont trouvés faits en même temps que les vôtres. Ces fleurs se sont entr'ouvertes la nuit dernière. Je crois que ces maisons se seraient louées fort cher. Mes livres se sont gâtés dans cette armoire. Mille pensées sinistres se sont offertes à mon imagination. Cette partie de campagne se serait présentée, et nous l'aurions faite. Que de prédictions se sont accomplies ! Que de craintes se sont réalisées ! Nos comptes se sont trouvés fort justes. Les eaux de cette fontaine se seraient perdues dans le fleuve. Pourquoi tant de fautes typographiques se sont-elles glissées dans cet ouvrage ? Des bruits fâcheux s'étaient répandus le matin. La tranquillité et le calme se sont enfin rétablis parmi nous. Deux chemins s'étant offerts devant moi, je ne sus lequel prendre. Les promesses se sont exécutées au grand contentement des deux parties. Ces coutumes bizarres s'étaient introduites malgré eux. Cette terre s'est améliorée depuis deux ans. Nos épées s'étaient rouillées, parce qu'on ne s'en servait pas. La lune s'était éclipsée pendant deux heures. Nos terres se sont amendées. Cette bataille s'est livrée dans la plaine qui nous avoisine. Des disputes se sont engagées dans cette assemblée nombreuse, mais elles se sont terminées promptement. La viande ne s'est pas vendue fort cher dans ce pays-là ; elle se serait corrompue, si on l'avait gardée longtemps. Que de révolutions se sont opérées depuis que les hommes se sont réunis ? Une grande valeur s'est déployée parmi ces

Corrigé. Cacographie.

4

troupes avides de combattre. Les eaux s'étaient accrues par la fonte des neiges. La vengeance ne s'était pas éteinte dans le cœur de ces insulaires.

IXe RÈGLE.

Il s'est élevé une grande discussion à ce sujet. Il s'est fait une révolution à laquelle on ne s'attendait pas. Il s'est glissé deux erreurs dans ce calcul astronomique. Il s'est opéré en lui une crise salutaire. Il s'est tenu une grande conférence ecclésiastique. Il s'est égaré quelques papiers dont la perte aurait été irréparable. Il a été perdu une bague fort jolie qui nous a appartenu. Il s'était préparé une fête charmante à laquelle on avait invité beaucoup de dames. Il s'est formé une réunion d'hommes lettrés et d'artistes. Il sera élevé une fontaine au milieu du marché public. Il fut dressé diverses potences pour effrayer les mutins. Il s'était manifesté une peste qui pouvait exercer de grands ravages. Il a été composé sur ce sujet une brochure qui doit être publiée incessamment. Il s'est consommé beaucoup de viande l'hiver dernier. Il s'était trouvé une grande quantité de vaisselle d'argent dans ce palais inhabité. Il a été manié beaucoup de livres dans cette boutique. Il a paru des libelles injurieux que personne n'a voulu lire. Il a été mesuré six cents mètres de drap. Il sera frappé une médaille en bronze, qui rappellera ce cruel événement. Il a été arrêté ce matin une femme qui cherchait à voler. Il s'est établi une querelle littéraire qui ne sera pas vidée de longtemps. Il a été agité de grands projets de réforme. Il se serait trouvé une faute grossière dans cet ouvrage. Il s'était formé plusieurs associations, qui donnaient de vives inquiétudes. Il a été trouvé une tabatière en or. Il sera changé cent pièces d'or contre quatre cents pièces d'argent. Il avait été érigé une statue en l'honneur de ce grand homme. Il s'est élevé une sédition affreuse dans ce pays où l'on trouve peu de sûreté. Il a été vendu une superbe maison. Il se serait passé une scène affligeante entre les Suisses et les habitants de nos campagnes.

Xᵉ Règle.

Le peu d'ouvriers que j'ai employés, m'ont coûté fort cher. Le peu d'application que vous avez apporté à vos devoirs. Le peu de provinces que nous avons visitées. Le peu de livres que j'ai achetés me suffiront. Le peu de règles qui sont renfermées dans cette grammaire sont à votre portée. Le peu d'ardeur que vous avez montré, mes amis, a été remarqué. Le peu d'amis que ce tyran s'était faits, ne manquèrent pas de l'abandonner. Le peu d'attention que vous avez apporté à m'écouter, a nui à vos progrès. Le peu de journaux qu'on a publiés ne nous ont pas dit la vérité. Le peu d'historiens que tu as lus appartiennent à la nation française. Le peu de meubles que ce philosophe avait achetés furent vendus très-cher. Le peu de larmes que cet enfant a répandues, prouve qu'il n'était pas fort touché. Le peu de pauvres que vous avez secourus, ont béni votre nom. On ne voyage pas dans ce pays, à cause du peu de voitures qu'on y a faites. Le peu de chaleur qu'il avait conservé s'est éteint en peu de temps. Le peu de fautes que j'ai commises dans cette occasion, il ne faut les attribuer qu'à mon extrême réserve. Le peu de voyageurs que j'ai rencontrés, prouvent qu'il y a peu de commerce. Le peu de provisions qu'on a apportées ici, sont loin de nous suffire. Le peu de succession que j'ai recueilli, ne peut compenser ce que j'ai perdu. Le peu de marchandises que nous avons trouvées, seront déposées dans ce magasin. Le peu de fortune qu'il s'est amassé, l'aidera à vivre. Le peu de terre que j'ai acheté, sera ensemencé au printemps prochain. Le peu de prisonniers qu'on a conduits ici, n'y sont pas restés. Je n'approuve pas le peu de complaisance que tu as montré dans cette occasion. Je crains sa défaite, à cause du peu de soldats qu'il s'est procuré. Je ne puis louer le peu de recherches qu'il me semble avoir faites.

XIe Règle.

J'ai écrit plus de lettres que je n'en ai reçu. Tu as composé plus de vers que je n'en ai lu. Nous avons mangé plus de fruits que nous n'en avons récolté. Il a remporté plus de victoires qu'il n'en avait espéré. Que les hommes sont bizarres! Combien j'en ai vu qui condamnaient, le soir, ce qu'ils avaient approuvé le matin! J'ai vu plus d'opéras que tu n'en as composé. J'ai employé plus d'heures au travail, que je n'en ai perdu. Turenne a gagné plus de batailles que je n'en ai lu. J'ai acheté plus d'instruments que tu n'en as manié. Il a obtenu plus d'emplois qu'il n'en a sollicité. Si ces fleurs m'avaient appartenu, j'en aurais beaucoup cueilli. J'ai vu plus de portraits que je n'en ai fait. On a démoli plus de maisons qu'on n'en a rebâti. Il avait emprunté plus d'écus qu'il n'en avait rendu. Ces fruits étaient bons, j'en ai beaucoup mangé. J'ai compté autant d'amis que vous vous en êtes fait. Nous avons lu plus de livres que vous n'en avez acheté. Il a plus de marchandises qu'il n'en a déclaré. Cet homme possédait plus de terres qu'il n'en avait hérité. Vous aviez espéré plus de prix que vous n'en avez obtenu. Vous parlez de vos maux, combien n'en ai-je pas essuyé! L'ennemi avait plus de soldats qu'on n'en avait annoncé. Les enfants sont plus ou moins paresseux; j'en ai beaucoup vu, j'en ai beaucoup étudié, et j'en ai trouvé plus de nonchalants que de laborieux. Voltaire a composé plus de tragédies que ces messieurs n'en ont ébauché. Les pauvres devaient tout à cet excellent prince ; combien n'en a-t-il pas soulagé ! Cette princesse était bien bonne ; que de témoignages d'intérêt j'en ai reçus ! Les secours que j'en ai aussi obtenus. prouvent qu'elle aimait à faire du bien.

XIIᵉ RÈGLE.

Cette maison est plus chère que je ne l'aurais cru. Votre cause m'a paru plus intéressante que vous ne me l'aviez assuré. Les règles dont vous parlez, sont plus difficiles que je ne l'aurais pensé. Elle a commis une faute bien plus grave que vous ne l'avez dit. Cette lettre est beaucoup plus longue que je ne l'aurais voulu. Nos jardins sont plus beaux que vous ne l'aviez pensé. Les hommes sont plus méchants que nous ne l'aurions cru. Cette faveur est plus grande que je ne l'avais espéré. Ces marchandises sont plus avariées qu'on ne l'avait dit. Votre épouse est bien plus indulgente qu'on ne se l'est imaginé. Ces jeunes gens ne sont pas aussi sages que nous l'avions cru. Cette demoiselle est devenue meilleure musicienne que je ne l'avais prévu. Votre mère est aussi instruite qu'on me l'avait annoncé. Cette personne n'est pas aussi prudente que je me l'étais imaginé. La miséricorde de Dieu est plus grande que vous ne l'aviez dit. Votre sœur est plus aimable que je ne l'avais cru. La bataille fut plus sanglante qu'on ne l'avait rapporté. La terre n'est pas aussi imbibée que je l'aurais cru. La saison est plus belle et plus chaude que nous ne l'avions espéré. La langue française est beaucoup plus difficile, messieurs, que vous ne vous l'étiez imaginé. Cette nation n'est pas aussi barbare qu'on l'avait dit. La victoire nous a été aussi funeste que je l'avais pressenti. Cette femme n'est pas aussi pauvre que vous me l'aviez annoncé. Votre cathédrale est plus spacieuse que nous ne l'avions cru. La culture de cette plante n'est pas aussi facile que nous nous l'étions imaginé. L'Asie est plus peuplée que vous ne l'aviez cru. Cette affaire s'est mieux passée que je ne l'avais prévu. Votre maison n'est pas aussi jolie, aussi commode que vos parents me l'avaient affirmé. La loi qu'on a rendue, n'a pas été reçue aussi favorablement que chacun l'avait espéré. Votre tante est plus officieuse que nous ne l'aurions présumé. Cette route n'est pas aussi belle qu'on nous l'avait dit.

XIIIᵉ RÈGLE.

Je regrette les sommes que l'acquisition de cette métairie m'a coûté. Je vous rendrai les vingt francs que vous avez acheté ce vocabulaire. Nous avons bien employé les heures que nous avons dormi. Les gelées qu'il y a eu cette année, ont été fortes et continues. Les dix années que ce prince a régné, ont été remplies par des actes de bienfaisance. Nous avons passé à la campagne les beaux jours qu'il a fait cette année. Il a dépensé en quinze jours les six cents francs que cet ouvrage lui a valu. Les soldats qu'il y a eu dans cette garnison se sont mal conduits. Les jours que j'ai vécu en prison, m'ont paru bien longs. Les deux mille écus que m'a coûté cette ferme, nous auraient servi dans des temps malheureux. Cette nuit, que j'ai dormi tranquillement, m'a fait oublier tous mes chagrins. Les vingt ans qu'a duré cet état de choses, nous ont causé bien des maux. La boue qu'il y a eu cet hiver, nous a empêchés de sortir de la maison. Il n'oubliera jamais les peines que lui a coûté un travail aussi ingrat. Les dix années d'exil qu'il a souffert, lui ont paru un siècle. Les jours que nous aurons existé sur la terre, ne peuvent se comparer à l'éternité. La neige qu'il y a eu cette année, a couvert une grande partie de notre territoire. Les dignités que vous ont valu vos basses adulations, ne sauraient honorer votre caractère. Il n'a pu endurer les chaleurs excessives qu'il a fait dans le pays qu'il habite. Les quinze jours que j'ai chassé et pêché, m'ont paru bien agréables. Je ne saurais oublier les cinq ans qu'il a langui dans les prisons. Ne comptez-vous pour rien les jours que j'ai travaillé pour vous, et les peines que mon travail m'a coûté? Je vous rembourserai la somme de dix écus que vous avez acheté cette cassette. J'ignore les disputes qu'il y a eu à l'occasion de cette affaire. Je regrette les heures que je n'ai pas dormi. Jamais le plaisir ne pourra compenser les désagréments que m'a valu la correspondance que vous avez exigée de moi.

XIVᵉ Règle.

Il a vendu tous ses livres, y compris sa collection des Œuvres de Rousseau. Vous recevrez ci-joint les placards que vous m'avez prié de faire imprimer. J'ai envoyé à Paris tous mes enfants, excepté mes deux filles, que j'ai gardées auprès de moi. Je vous envoie ci-incluse la pétition que vous désirez présenter au ministre. Je réussirai dans mon projet, supposé ces deux cas. Je vous fais passer les deux lettres ci-jointes. Ces deux chances supposées, je pourrai obtenir satisfaction pleine et entière. Vous recevrez ma demande ci-incluse. J'ai reçu vos meubles, la pendule y comprise. J'aime toutes les fleurs, la tubéreuse exceptée. Vous recevrez ci-incluse une copie de l'obligation que nous avons passée. Une maladie épidémique a enlevé tous les habitants de ce hameau, excepté les vieillards et les enfants. Ce navigateur perdit tout son équipage, y compris la cargaison. On vous remettra ci-incluse la boîte qui renferme vos diamants. Ces deux cas posés, je vous rendrai le service que vous réclamez de moi. Il se propose de vendre tous ses biens ruraux, ses bois exceptés. On se mettra à six heures à table, supposé votre arrivée. Nous avons perdu tous nos bestiaux, excepté les chèvres. Son armée était composée de deux cent mille hommes, l'infanterie légère y comprise. On m'a envoyé ci-inclus une lettre et un écrin que je n'avais pas demandés. Pendant la nuit, tous les oiseaux gardent un profond silence, excepté les rossignols. J'entrerai en jouissance de tous mes biens, supposé la mort de mon oncle. Remettez à votre mère tous les papiers ci-joints. Par la lettre ci-incluse, vous connaîtrez les intentions du ministre. Toutes les maisons et les églises furent consumées, y compris la cathédrale. Ma mère vous envoie ci-jointe la jolie émeraude que vous lui avez prêtée. Nous vous adressons ci-incluse la loi qu'on a rendue sur la pêche fluviale.

TROISIÈME PARTIE.

EXERCICES

SUR LE PARTICIPE PASSÉ.

Les lois sont faites pour le plus grand avantage de tous ; il faut donc obéir aux lois qu'on a établies. — La nation qui n'est assujettie à aucune loi, est condamnée à vivre très-malheureuse. — C'est l'absence des lois, qui a toujours produit l'anarchie, mille fois plus cruelle que le despotisme. — La liberté sage, que les philosophes ont toujours aimée, peut être regardée comme la source des vertus morales, et comme le véhicule du génie. — La tyrannie insupportable, que le vrai philosophe a toujours détestée, n'a jamais produit que la corruption des mœurs publiques, et le malheur des nations qui ont plié sous son joug de fer. — Dans un État despotique, les hommes n'osent faire usage de la raison qu'ils ont reçue en partage. Si donc l'homme ne peut pas dire : *je veux* ou *je ne veux point*, on ne pourra pas lui accorder des éloges, ou lui faire des reproches, selon les actions bonnes ou mauvaises qu'il aura faites. — La noble indépendance, que le vrai sage a toujours chérie, fut en tout temps l'idole des hommes les plus célèbres. — Qui ne sait que Sophocle, Démosthène, Cicéron, Corneille, Rousseau et Montesquieu, dont nous avons lu les ouvrages, étaient amis d'une sage liberté, qu'il ne faut pas confondre

4

avec l'infâme licence? — Poursuivis par les nouvelles
lois que le monarque avait rendues, ils furent obligés
de chercher un asile en pays étranger. — Oh! que
j'envie le sort de ceux qui, exempts d'affaires publiques, et loin des cités bruyantes, passent leur vie dans
les campagnes qu'ils ont héritées de leurs ancêtres.
— On conviendra que, depuis qu'il est permis de res-
pirer, les communications entre les individus faits
pour se rapprocher, se sont un peu rétablies. — Il est
à désirer que les honnêtes gens ne se séparent plus, et
qu'ils tâchent de dessiller les yeux des hommes que la
force des circonstances a égarés.

La meilleure manière de se venger d'une injure,
c'est de ne pas imiter celui qui l'a faite. — De tout
temps les despotes, ennemis nés des talents, se sont en-
tourés d'hommes assez corrompus pour se vendre, ou
assez sots pour ne pas s'apercevoir des atrocités de ceux
auxquels ils étaient attachés. — L'homme, qui est si
vain, est sur le point de rendre à la nature sa propre poussière, qu'elle ne lui a prêtée que pour une
heure. — L'Égypte, le berceau des sciences, les
avait à peu près perdues, faute de ce grand moyen
conservateur et propagateur : la presse de l'imprimerie.
Dans les derniers jours du dix-huitième siècle, une
imprimerie s'est établie au Caire. Qui donc l'y a portée?
La nation française. — Soyons doux et bienfaisants; aimons à obliger ceux à qui il est en notre pouvoir de
rendre service. Les bonnes œuvres que nous aurons
faites, ne seront jamais perdues pour nous. — L'instruction publique, qu'on avait tant négligée autrefois
peut seule opérer la réforme des mœurs, qu'une
licence excessive a corrompues, réforme utile et indispensable, que les vrais amis du gouvernement ont sol-
licitée depuis un grand nombre d'années. — Les jeunes

gens doivent faire en sorte que les études qu'ils ont
faites et les instructions qu'ils ont reçues, se répandent
sur leurs mœurs : de plus, que tout le profit de leurs
lectures se tourne en vertu. — Qu'il est doux de faire
de bonnes actions! Quelle peine ne ressent pas inté-
rieurement celui que sa conscience accuse! Rien ne
peut suppléer à la joie que les remords ont ôtée. —
Les bienfaits que nous avons reçus de quelqu'un, veulent que nous excusions les mauvais procédés qu'il a
eus quelquefois à notre égard.

L'expérience est une école où les leçons coûtent
cher ; heureux celui qui les a pratiquées ou qui les
pratique! — Quand un ami nous a trompés, on ne
doit que de l'indifférence aux marques extérieures de
son amitié, mais on doit toujours être sensible aux
malheurs qu'il éprouve ou qu'il a éprouvés. — La
vraie philosophie, celle que j'ai adoptée, n'est pas
conforme à la philosophie des Platon et des Xéno-
crate. — Jeunes princes, nous vous avions donné de
bons conseils, mais vous ne les avez pas suivis. Des
courtisans maladroits nous ont trompés. — Aristide
était un citoyen dont le désintéressement et la justice
étaient admirés de tout le monde ; cependant il fut
condamné à l'exil par ses compatriotes, qui ne pouvaient souffrir qu'il existât un homme plus juste
qu'eux. — Le vertueux Aristide ne put détourner la
basse jalousie que son mérite personnel avait excitée
contre lui : tant il est vrai que, plus on a de qualités
essentielles, plus on a d'envieux ! — Je ne saurais
approuver la conduite que ce jeune homme a tenue
dans une circonstance où il aurait pu se faire beaucoup
d'honneur. — Combien d'ouvrages de mauvais goût
inondent aujourd'hui la république des lettres ! Tant
s'en faut que je les aie lus, qu'au contraire je les ai

éloignés de ma maison. — L'expression dont vous me parlez, a déjà été employée par divers écrivains du premier mérite ; c'est donc avec raison que vous l'avez adoptée. — Cette action bien belle, que vous venez de me raconter, se trouve consignée dans la feuille périodique qu'on m'a donnée à lire aujourd'hui. — La justice et l'humanité, dont nous faisons tant de cas, ont toujours été honorées par les nations les moins polies.

Les peuples eux-mêmes que l'on a regardés comme sauvages, ont admiré et estimé les hommes justes, tempérants et désintéressés : tant il est vrai que le désintéressement, la tempérance et l'équité méritent tous nos hommages ! — Cette pensée était bien belle, mais vous l'avez gâtée en la traduisant d'une manière sèche et triviale. — Je ne sais pourquoi les volumes qu'on avait apportés ici, ont été enlevés, et comment ils l'ont été à l'insu de tout le monde. — L'histoire que vous m'avez lue, n'est pas du tout vraisemblable ; l'auteur l'a remplie d'incidents et d'anecdotes auxquels on ne saurait ajouter foi. — On dit que l'armée ennemie est atténuée tant par les combats et les batailles qu'elle a livrés depuis un mois, que par la privation des différentes troupes auxiliaires qu'elle a envoyées sur divers points. — Vous voyez des malheureux que j'ai reçus chez moi ; ils ne savaient de qui implorer la pitié ; je les ai accueillis et secourus avec les meilleures intentions. — Ce peuple n'est pas aussi barbare que vous le croyez peut-être ; je connais ses usages et ses coutumes, que j'ai étudiés lorsque je vivais au milieu des champs qu'il habite. — Que de gens, même lettrés, pèchent tous les jours contre la règle des participes, parce qu'ils ne l'ont jamais connue ni étudiée ! La Grammaire que j'ai donnée au public, leur facilitera l'intelligence de cette même règle. — Ils se sont accoutumés depuis longtemps à écrire les difficultés qu'ils ont rencontrées ; c'est pourquoi ils les ont toujours vaincues quand elles se sont présentées. —Les exploits d'Alexandre ont été vantés par quelques historiens ; pour moi, loin de les admirer, je les ai toujours jugés dignes de blâme. — La métairie que nous avons achetée, ne nous a pas coûté fort cher, parce que celui qui nous l'a vendue, avait le plus grand besoin d'argent.

De grandes fautes ont été commises par les plus grands hommes. — Lisez souvent, mon ami, les bons ouvrages que je vous ai procurés ; je sais que vous les avez seulement parcourus, ce qui ne suffisait pas.— La vraie philosophie tend à former l'esprit et le cœur ; ceux qui l'ont étudiée avec le désir de devenir meilleurs, ont trouvé des charmes réels dans l'étude qu'elle exige. — Mes sœurs sont venues admirer les distributions que tu as faites dans le jardin et dans la ferme que tu as achetés ; elles ont paru contentes des changements que tu y as introduits. — Ce jeune homme n'a pas rempli les devoirs qu'on lui avait prescrits ; j'ignore quelle est la vraie cause de ce manque de soin ; je ne sais quelle excuse il pourra apporter pour légitimer en quelque sorte son inexactitude ; mais je le préviens que je ne le recevrai plus, s'il persévère dans la conduite qu'il a tenue jusqu'à présent. — L'intérêt que nous prenons aux temps qui nous ont précédés, et à ceux qu nous suivront, provient souvent de l'attachement que nous avons à la vie. — On avoue les torts qu'on a eus, et l'on nie ceux qu'on a ; de même on raconte les maux qu'on a soufferts, et l'on cache ceux que l'on souffre.—Vous ne connaissez pas bien la tolérance ; cette vertu est très-belle, mais chacun l'a défigurée ou mal définie jusqu'à ce jour. — Je dois rappeler à cette femme les principes qu'elle a suivis dans l'éducation de ses enfants, et les leçons qu'elle leur a données. —La saison est devenue moins froide ; c'est pourquoi les hirondelles, avant-coureuses du printemps, sont revenues dans nos régions, qui naguère leur paraissaient glacées et inhabitables. — Je porterai à votre sœur les œillets et les tulipes que j'ai cucillis dans ce riant parterre.

Que de belles actions on nous a racontées ! Que de traits sublimes on a consignés dans les annales de la vertu, depuis que la révolution s'est opérée ! Mais aussi que de scènes sanglantes ne seront jamais oubliées, puisque des historiens véridiques les ont recueillies !—Vous ignorez les règles que je vous ai enseignées, parce que vous n'avez pas jugé à propos d'écouter l'explication que j'en ai donnée.—Vous n'avez pas lu, mes amis, la Grammaire que vous avez achetée ; cependant je ne vous ai conseillé d'en faire l'acquisition, que pour vous mettre à portée de faire une excellente provision de connaissances grammaticales. — Les fables que mon oncle a lues à l'Athénée, lui ont valu les applaudissements de tous les hommes éclairés. — L'idée de cet ouvrage est bien bonne ; nous l'avons empruntée d'un opuscule fort peu connu et qui a été traduit de l'espagnol. — Chérissez vos parents, qui vous ont prodigué mille bienfaits ; mais aimez votre patrie, que les bons citoyens ont toujours servie et serviront toujours. — Parmi les pièces nouvelles que ce théâtre a données, nous avons distingué avec plaisir la tragédie qu'on a représentée ce soir ; elle nous a paru heureusement conduite et écrite avec goût. — Les absences qu'a faites cet écolier, n'ont pas peu contribué à lui inspirer le dégoût du travail ; faut-il être surpris, d'après cela, qu'il paraisse s'éloigner de plus en plus de l'étude, qu'il n'a d'ailleurs jamais aimée? — Je vous donnerai les ouvrages que votre père a composés dans ses moments de loisir ; quand vous les aurez lus, vous me les remettrez. — Périclès ne tarda pas à éclipser la réputation qu'avaient usurpée de sots déclamateurs et d'ennuyeux sophistes.

La nation française sera triomphante, lorsqu'enfin elle aura établi au dedans la paix que nous avons tant souhaitée, et lorsqu'elle aura rendu la vie au commerce et aux beaux-arts, qui ont langui si longtemps. — J'ai lu les beaux plaidoyers qu'a faits ce jeune avocat, je les ai admirés, quoique je ne partage pas ses opinions. —Suivez, mes amis, les bons conseils que votre mère vous a donnés ; elle ne veut que votre bien, vous ne vous repentirez pas de lui avoir obéi. — La musique que j'ai entendue ce matin, a paru faire plaisir à tout le monde ; chacun a goûté les morceaux qu'on a chantés.— Il importe au bonheur de la France d'obtenir une paix durable, surtout après les malheurs d'une guerre longue et désastreuse, qui peuvent l'avoir épuisée, quelles que soient d'ailleurs ses ressources.— Les soldats que j'ai vus, à qui j'ai parlé, m'ont semblé bien propres à manier habilement les armes que nous leur avons confiées. — Les régions qu'ont parcourues nos braves, sont pleines de leurs exploits ; ils ont gagné, dira-t-on, presque toutes les batailles qu'ils ont livrées. — Quand nos triomphes seront racontés aux générations futures, elles croiront difficilement à la rapidité prodigieuse avec laquelle la France les a obtenus. — L'histoire et la géographie que ma sœur a étudiées, charmeront tous ses instants de loisir. — Que de gens se rappellent trop les injustices qu'on leur

a faites ! Cependant il est doux et glorieux de pardonner les offenses qu'on a reçues. — Je vous renverrai
demain le paquet et la lettre qu'un nouvel émissaire
m'a apportés ; ces deux objets ne m'appartiennent pas :
or je ne sais pour quelle raison on me les a adressés.

Les prix que ce jeune homme a obtenus, ont flatté
son amour-propre ; j'approuve la résolution bien sincère qu'il paraît avoir formée, de redoubler d'ardeur
pour obtenir de nouvelles récompenses à la fin de cette
année. — Quand pourra-t-on dire : « Les Français,
qu'on a lassés par des guerres extérieures qui ont exaspé-
ré leur caractère, ont enfin conquis la paix qu'ils a-
vaient souhaitée depuis si longtemps ? » Les victoires
que nous avons remportées, justifieront la haute réputation que nous nous sommes acquise depuis bien des
années dans la carrière militaire. — Nos intrépides
guerriers ont obtenu des succès dont il sera longtemps
parlé ; le burin de l'histoire les a gravés en caractères
indélébiles. — Les ennemis du bien public avaient cru
que les troupes françaises seraient facilement terras-
sées ; mais leurs folles espérances ont été déçues. — On
dit que César-Auguste oubliait facilement les injures
qu'il avait reçues de ses ennemis ; qui de nous ne doit
pas imiter la conduite de cet empereur ? — Quelles que
fussent les divisions du peuple et du sénat, quand la
patrie était menacée de quelque péril, le sénat et le
peuple les avaient bientôt oubliées. — Je compte beaucoup sur la valeur étonnante que nos soldats ont déployée en mille circonstances critiques. La victoire,
qui ne les a pas abandonnées jusqu'à ce moment, de-
meurera toujours fidèle à leurs drapeaux. — Je me
flatte que notre ami soutiendra la bonne opinion qu'il
a donnée de ses talents. — Les deux comédies que vous
avez lues dans notre dernière séance, ont paru fort

agréables à tous ceux qui les ont entendues; pour moi, je les ai jugées dignes du meilleur de nos poëtes comiques.

Dans tout État bien civilisé, il n'y a personne qui ne doive se soumettre volontiers aux lois qu'on y a établies, de quelque nature qu'elles puissent être. — Pourquoi ignorez-vous, mon ami, les règles grammaticales qu'on vous a enseignées si souvent? C'est que vous ne les avez jamais bien comprises. Il y a sans doute de bons grammairiens, mais vous ne les avez jamais consultés. — Qui peut ignorer combien il est doux et glorieux de secourir l'innocence et la vertu que l'on a injustement opprimées? — Que d'éloges ne sont pas dus aux personnes qui se sont toujours imposé l'obligation bien douce de protéger le mérite indigent? — Qui a trouvé les deux colombes que j'ai perdues? Elles ont abandonné la jolie volière que je leur avais construite. — Nous connaissons tous l'influence bonne ou mauvaise que les journaux ont eue jusqu'à cette heure. — Je me flatte que votre ami, dont la probité m'est connue, ne trahira pas la confiance que j'ai placée en lui. — Les heures que vous avez perdues, ne pourront jamais être réparées, parce que le temps passé ne se répare jamais; il est donc de votre intérêt, si vous voulez acquérir des connaissances précieuses, de profiter des moments qui vous sont accordés, tant pour orner votre esprit, que pour former votre cœur à la vertu. — Mon oiseau, qui a pris la fuite, reviendra sans doute dans la demeure bien riante que je lui ai préparée; il ne voudra pas se séparer de ses petits, qu'il a laissés dans le plus cruel abandon, et qui sans cesse redemandent leur mère dont ils se voient privés. — La poésie et la peinture, que nous avons de tout temps cultivées, sont deux arts bien agréables, qui méritent d'être connus et encouragés. — Boileau est un poëte célèbre par la critique saine et judicieuse qu'il a exercée sur les écrivains de son siècle.

Bien loin de connaître votre syntaxe, dont les règles sont développées dans la Grammaire que je vous ai donnée, vous ignorez même l'orthographe qu'on vous a enseignée dès votre bas âge. — Les arbres que nous avons fait planter, nous donneront bientôt une ombre hospitalière, que les chaleurs de l'été rendront plus agréable. — Je ne sais par quelle fatalité mes deux tourterelles ont quitté la volière dont le séjour les avait tant charmées; il est temps qu'elles reviennent au lieu qui les a vues naître et se reproduire. Je m'ennuie de leur trop longue absence. — La mythologie, que vous avez ignorée jusqu'à présent, est une connaissance indispensable pour les peintres et les poëtes. — Nous avons trouvé vos jeunes fils qui jouaient dans la rue; nous les avons fait reconduire à la maison paternelle. — La résolution que nous avons formée, a été bien mûrie; nous l'avons discutée de la manière la plus solennelle.— Je ne suis pas tenu à remplir les obligations que vous avez relatées dans votre dernière lettre, car je les ai contractées dans un moment où je n'étais pas maître de mes esprits. — Quelle puissance n'ont pas eue ces hommes élevés aux premières charges! Mais en ont-ils toujours usé pour faire tout le bien possible? — J'ignore quelles raisons ont empêché ces jeunes gens de remplir les devoirs très-faciles qu'on leur avait donnés à faire. S'ils persévèrent, ils ne soutiendront pas l'opinion avantageuse que nous avons conçue d'eux. — Les sciences qu'on a enseignées à votre ami, lui seront toujours nécessaires, dans quelque position qu'il se trouve. — Quelques écrivains estimables ont eu lieu de se plaindre de la sévérité parfois injuste que Boileau a apportée dans l'examen de leurs ouvrages.

Les folies qu'ils se sont plu à nourrir les tourmentent jour et nuit. N'auraient-ils pas dû renoncer aux chimères qu'ils se sont mises dans la tête? Ignorent-ils donc combien de maux l'ambition a causés à tous ceux qu'elles a possédés? — Il y remarqua, dit Fénelon, beaucoup d'impies qui, faisant semblant d'aimer la religion, s'en étaient servis pour commettre de grands crimes. — La bienfaisance que cette mère de famille avait toujours exercée à l'égard des pauvres, l'avait fait constamment regarder comme leur refuge assuré et leur ange tutélaire. — On jugera des éloges qu'a reçus l'auteur de cette jolie pièce, par les difficultés sans nombre qu'il a eues à surmonter, et qu'il a surmontées en effet. — La mémoire de cet écrivain sera toujours chère à la patrie, aux arts et aux sciences qu'il a également honorés, et dont il s'est montré le généreux soutien. — Il est rare qu'une découverte neuve et importante n'occupe pas entièrement celui qui l'a proposée le premier. — Les connaissances astronomiques des Indiens leur ont été apportées du Nord, et ils les ont reçues telles qu'ils les ont conservées. — Je ne serais pas surpris que peu de personnes consentissent à examiner cette cause, que nous avons jugée d'avance. — Les louanges qu'on avait accordées avec affectation aux agréments de cet ouvrage, en faisaient suspecter la vérité et la solidité. — Pour connaître l'esprit des fables, on les examine chez tous les peuples à qui elles ont appartenu, et on les compare ensemble afin qu'elles s'éclairent mutuellement. — Nous marquerons la place que nous semblent avoir occupée les premiers peuples de la terre, auxquels on rapporte l'origine des arts, des opinions et des coutumes des autres peuples.

Voici la méthode que l'auteur a suivie : nous marcherons contre l'ordre des temps, en simplifiant sans cesse le système mythologique, en le dépouillant des additions qu'il a reçues de chaque peuple et à chaque époque ; et, en remontant ainsi le fleuve de la tradition, nous reporterons dans chaque pays les productions étrangères et différentes qu'il a charriées jusqu'à nous. — Chaque génération a eu de nouvelles idées ; le dépôt de la tradition s'est composé de souvenirs que le temps a altérés, et de fictions que l'imagination a créées. — Ce général, dont la mémoire sera longtemps révérée, a parcouru une carrière de quatre-vingt-sept ans, qu'il a consacrée entièrement au service de sa patrie. Après l'avoir servie de sa propre personne avec distinction, il lui a encore donné des preuves de zèle et de dévoûment par la publication de ses écrits. — Un de ces messieurs, dont l'esprit n'est pas susceptible de se perfectionner, s'est hâté de critiquer la préface dont nous parlons, avant de l'avoir lue, ou, s'il l'a lue, avant de la comprendre. — Vainement on me demanderait à qui appartiennent les diverses locutions que j'ai consignées dans cet ouvrage, après les avoir rassemblées de toute part ; je ne pourrais répondre à une pareille question : car, depuis plus de vingt ans, je m'occupe du soin de recueillir tout ce qui est vicieux en grammaire. — La Lusiade peut passer pour un des plus beaux poëmes qu'on ait jamais lus depuis Homère et Virgile. — Plusieurs villes de la Grèce et de l'Asie se sont disputé l'honneur d'avoir été le berceau d'Homère. — J'ai donné au Camoëns des idées qu'il n'a jamais eues ; et c'est, dit-on, un des justes reproches qu'on m'a faits.

Jamais Cicéron ne nous aurait autant attachés à la lecture de ses ouvrages, s'il n'y avait pas répandu cette morale et ces sentiments vertueux qui en font tout le charme.—Que de raisons se sont opposées à la formation des deux établissements fort utiles que j'avais projetés!—Un homme qui fut promu par ses talents à une place éminente, alla remercier le ministre par qui il avait obtenu la place qu'on lui avait confiée. Le ministre, qui était persuadé que les gens de talent ne manquent jamais de faire honneur à l'homme en place qui les a élevés à un poste important, lui dit : « Quelles grâces avez-vous donc à me rendre? Je n'ai eu en vue que l'utilité et l'intérêt publics ; croyez que, si j'avais trouvé quelqu'un plus digne que vous de remplir la place que le gouvernement vous a accordée sans que vous la lui ayez demandée, je ne vous aurais pas choisi pour remplir cet emploi.—Quand M. de Buffon parla, on crut entendre l'interprète de la nature célébrer en M. de La Condamine celui qui l'avait observée le plus constamment, et le plus audacieusement interrogée.—Il vous sera utile de connaître les recherches qu'on a faites dernièrement sur l'antiquité et sur la mythologie ; deux savants estimés nous les ont rendues plus faciles.—L'homme, dès qu'il s'est mesuré avec la nature, s'est senti faible et petit devant elle. Ces grands effets qui surpassaient sa puissance et étonnaient son esprit, il les a attribués à des êtres surnaturels plus grands et plus forts que lui. La voix des orages, l'action qui fait pousser le grain ou mûrir les fruits, tout a paru à l'homme l'ouvrage de ces êtres invisibles dont il se croyait entouré ; après les avoir imaginés, il n'a pas tardé à croire qu'il les avait vus.

Les sages ajoutèrent beaucoup de fables à celles qu'on avait déjà reçues ; ils se servirent d'allégories

pour enseigner aux hommes la pratique de la vertu,
pour leur expliquer ce qu'ils croyaient savoir des phénomènes de la nature. — La Fable est née et s'est
perpétuée comme se conservent dans nos campagnes
les contes des sorciers et des revenants. C'est au coin
du feu, et dans les longues veillées, que l'oisiveté s'est
amusée à ces récits.—En écartant cette énorme super-
fétation de petits dieux subalternes que Rome avait
créés pour toute sorte d'usages, on peut s'en tenir aux
fables ou aux métamorphoses qu'Ovide nous a conservées, et regarder ce recueil comme le dépôt de la
mythologie que les Romains avaient adoptée. — Les
ouvrages que j'ai vu commencer sont loin de ressembler à ceux qu'on a détruits; ces derniers ne
pouvaient périr que de vétusté. —L'art de gagner la
confiance du lecteur, et de ne tirer des conclusions
qu'après les avoir longtemps préparées, et rendues d'a-
vance presque évidentes, se fait remarquer dans cet
écrit, comme dans toutes les productions que Bailly
nous a laissées. — Si ce savant estimable plaît par la
richesse et la variété des images, il attache encore plus
par la multitude des pensées fines et vraies qu'il a ex-
primées avec grâce dans son dernier ouvrage. — Tous
ceux qui seront appelés à louer le grand homme dont
nous honorons aujourd'hui la mémoire, diront toutes
les vérités nouvelles qu'il a publiées, les découvertes
intéressantes qui lui sont dues, les grands travaux qu'il
a conduits à leur perfection, les méthodes admirables
qu'il a trouvées, les routes qu'il a parcourues, celles
qu'il a ouvertes à ses successeurs, enfin tous les services
qu'il a rendus à sa patrie et au monde.

Les pyramides d'Égypte ont été mises par les anciens
au nombre des sept merveilles de la terre; et les voyageurs modernes qui les ont visitées, n'ont pas peu con-

tribué à leur assurer cette place ; mais le savant dont
je vous parle, et qui les a examinées de sang-froid,
assure qu'il faut rabattre de l'idée qu'on s'était formée
de la beauté de ces monuments.—Les sciences n'étaient
autrefois aussi difficiles à étudier, que parce qu'on les
avait hérissées d'un style barbare.—Les oiseaux que j'ai
vus s'abattre dans la plaine me paraissent appartenir
à ce fermier, qui vient de s'enquérir si j'ai rencontré
les pigeons qu'il a perdus. — Le même enthousiasme
et la même curiosité qui lui avaient fait si souvent ex-
poser sa vie, ont avancé sa mort ; il l'a vue s'approcher
sans en être effrayé. — Voilà les ennemis que cette
femme célèbre a eus à combattre, et qui n'ont pu être
vaincus ni par sa prudence ni par sa douceur. — Les
poëtes se sont persuadé faussement que des fictions
aussi absurdes que celles-là pourraient plaire à des
hommes raisonnables. — On reconnaît aisément, dans
les deux ouvrages que j'ai prêtés à votre ami, les
idées sublimes et touchantes que notre religion a
consacrées. — On voit dans quelques traits de ce discours l'étude que l'auteur a faite de l'art militaire
chez les Romains. — Je pense que vous ne pouvez pas
vous égarer en suivant la route que nous a frayée ce
philosophe digne du siècle d'Aristote. — Il ne doit
y avoir, pour la puissance exécutive, d'autre balance
que celle que les lois elles-mêmes ont établie et fixée.
— Les légumes qu'on m'a servis ne peuvent convenir
à la faiblesse de mon estomac.

Cet habile et intrépide voyageur vit de près des
torrents de foudre sillonner ces neiges antiques que
n'avaient point effleurées les feux de l'équateur.—Les
vengeances que j'ai vu exercer envers ces misérables
colons, ont jeté l'épouvante dans mon âme.—La fable
que j'ai entendu lire, n'a pas obtenu les suffrages des

hommes de lettres qui se trouvaient dans notre assemblée; tous l'ont jugée trop longue et trop peu morale.
—C'était avec raison que j'appréhendais les maux que
pouvaient attirer sur nous la mauvaise conduite et les
fautes réitérées des hommes qui nous ont trop longtemps
gouvernés.—Nous nous quittâmes, et je me mis à ré-
fléchir sur le penchant qu'ont eu les hommes de tous
les siècles à écouter les faiseurs de prédictions. — Tels
sont les principaux traits que j'ai cru apercevoir dans
cet ouvrage, où les caractères font honneur à celui
qui les a tracés, où les tableaux font l'éloge de celui
qui les a dessinés. La variété que j'y ai remarquée
dans les situations, est due à la marche que l'auteur
a adoptée. —Cet éloge nous a paru bien écrit ; il renferme des vérités historiques que chacun a reconnues,
et auxquelles ont applaudi les gens éclairés.—Combien
d'écrivains très-instruits, surtout dans le genre de
l'histoire, n'ont accumulé d'immenses richesses, que
pour étayer un préjugé favori dont ils s'étaient entêtés!
—Je voudrais savoir quels sont ces germes de fertilité
que la philosophie a déposés sur notre terre, quelles
sont ces vérités neuves qu'on paraît avoir senties, quels
sont ces principes qu'on a nouvellement découverts
et qui étaient méconnus de nos pères, enfin en quoi
nous sommes meilleurs et plus sages que nos aïeux.

Vous avez trouvé sans doute dans les écrits d'Homère, que nous avons lus ensemble, un fonds remarquable de philosophie et de morale.—Les poëtes ont successivement inventé les genres, et les ont portés presque
à la perfection. — J'aurai occasion de faire remarquer
les changements qui se sont opérés dans la littérature,
à l'époque où les femmes ont commencé de faire partie
de la vie morale de l'homme. — Ça été à la suite des
orages politiques, que se sont formés les plus grands

écrivains qui aient existé.—Bien des femmes aimables savent réparer par des moyens nouveaux de plaire, les moyens d'avoir plu qui leur ont échappé. — Suivez les bons exemples que nous ont laissés les personnes célèbres qui nous ont précédés dans la carrière de la vertu.—La rivière que j'ai vu détourner, aurait procuré une grande fertilité à nos champs qui manquent d'eau. —Les auteurs que j'ai commencé à traduire de l'espagnol en français, ne m'ont pas semblé très-faciles, quoiqu'on les ait déjà traduits en diverses langues.— Je plains vos tourments, et les fatigues que vous avez eues à essuyer dans ce voyage de longue haleine. — Entend-on par la destinée des hommes, par les intérêts des époux, les charges dont on les a revêtus, les intérêts que la patrie leur a confiés ?—L'Andrienne, comédie latine que j'ai vu représenter, ne m'a pas paru très-propre à la scène française.—Vous voyez devant vous, madame, celui qui vous a longtemps disputé cette victoire ; si je l'ai obtenue, c'est que vous me l'avez complaisamment cédée. — Les preuves authentiques et non équivoques que vous m'avez données de votre amitié, me font espérer que vous voudrez bien me rendre les deux services que j'ai réclamés de votre complaisance.—Jeunes gens que de mauvaises lectures ont dépravés, je m'aperçois que la conduite de votre camarade n'est pas moins honteuse que la vôtre ; s'il ne vous avait pas fréquentés, je ne désespérerais pas de son salut.

Cet auteur a pris à tâche, ce me semble, d'établir des vérités qu'on avait souvent obcurcies, faute de lumières ou de bonne foi. — Caton, étant déjà vieux, étudia la langue grecque qu'il avait négligé d'apprendre par mépris pour ce qui n'était pas romain. — Rendez-moi la Vie de Caton, que je vous ai prêtée ; je veux

5

en la relisant, m'assurer s'il naquit l'an de Rome cinq
cent vingt-deux. — Ce philosophe laissa, dit-on, en
mourant, beaucoup plus de biens qu'il n'en avait hérité de son père. — On ne sait pour quelle raison cette
femme s'est donné la mort; on croit que le chagrin et
la pauvreté l'ont seuls déterminée à commettre ce sui-
cide. — Mes amis, n'oubliez pas qu'on vous a recommandé en tout temps la tempérance et la sobriété. —
Quelque dures, quelque pénibles qu'aient été vos fatigues, vous me paraissez néanmoins les avoir supportées
avec un extrême courage. — Les grands hommes que
cette ville a vus naître, méritent une place distinguée
dans les annales de l'histoire. — Considérons les périls
extrêmes qu'a courus cette princesse sur mer et sur
terre pendant l'espace de dix ans. Combien de fois n'a-
t-elle pas remercié le ciel de deux grâces : l'une, de
l'avoir faite chrétienne; l'autre, d'avoir rétabli les
affaires du roi son fils! — C'est surtout à la poésie que
les langues doivent les plus grandes richesses qu'elles
aient tirées de l'usage de la métaphore. — Cette femme
s'est cassé l'épaule ; les douleurs qu'elle a souffertes ne
peuvent se concevoir.

Si vous manquez souvent aux règles grammaticales
que je vous ai enseignées, c'est que vous n'avez jamais
bien compris les principes que j'ai développés, et les
explications que j'ai faites ici où nous sommes. — Les
villes dont nos soldats se sont emparés, renfermaient
un butin considérable ; ce ne fut qu'après y être entrés,
qu'ils se rendirent maîtres de tant de richesses qu'avaient
laissées les ennemis en fuyant. — Les obligations que s'est
imposées votre mère ne sont pas difficiles à remplir; je
les ai moi-même contractées, et je les remplis tous les
jours. — Je ne crois pas que j'eusse besoin de cet exemple d'Euripide pour justifier le peu de liberté que j'ai

pris.—La Troade, si fière des poésies sublimes du prince des poëtes, appela les regards de notre voyageur ; mais il perdit avec regret les magnifiques idées qu'il s'en était formées.—Il faut profiter, pour faire un peu de bien, du peu de jours que la Providence nous a accordés sur la terre où elle nous a placés.—Caton fut blâmé d'avoir réveillé cette affaire, qu'on avait regardée dans le temps comme le fruit de l'animosité ; on l'accusa de l'avoir renouvelée, par suite de la haine qu'il avait toujours manifestée contre Scipion, dont il avait censuré les dépenses exorbitantes.—Mon fils, dont les espérances se sont réalisées, naquit le dix novembre mil sept cent quatre-vingt-onze.—Elle vit la mort s'avancer à pas lents et sous la figure qui lui avait toujours paru la plus hideuse ; elle se trouva entre les bras de la mort, sans presque l'avoir envisagée.—Cette élection fut telle que les factieux l'avaient résolu ; ils virent s'éloigner les bons citoyens qu'ils avaient intimidés.

Je doute que vos sœurs, que j'ai négligé de voir pendant mon séjour à Caen, me pardonnent le peu d'empressement que j'ai mis à leur rendre visite.—La philosophie, que nous avons étudiée, nous enseigne à supporter avec résignation les maux qui nous arrivent, et que nous nous sommes souvent attirés par notre imprévoyance ou par le mépris des bons conseils qu'on nous avait donnés.—Pourquoi n'avez-vous pas accompagné vos parents que j'ai vus sortir seuls et qui comptaient sur vous? Ils sont venus s'informer des progrès que vous êtes censé avoir faits depuis deux ans que vous fréquentez les différents cours que nous avons ouverts dans cette ville.—La caution que je vous ai donnée, mes amis, est sûre et bonne ; vous pouvez être certains que vous n'avez rien à perdre.—Les guerres onéreuses que la France a eues à soutenir, les sommes exorbitantes qu'elle a employées pour la solde de ses troupes, n'ont pas peu contribué à accroître la dette publique. — Les fatigues qu'ont essuyées nos valeureux soldats, ne les engagent point à s'enrôler de nouveau sous les étendards de Mars ; cependant, quelques souffrances qu'ils aient endurées, nous aimons à croire qu'ils oublieraient bientôt les périls qu'ils ont courus et les maux qu'ils ont soufferts, pour ajouter, s'il le fallait, des triomphes utiles à ceux qu'ils ont déjà obtenus.—Il est beau de pardonner les outrages qu'on a reçus ; mais que de gens ne savent pas oublier les torts qu'on a eus envers eux !—Portez à votre sœur les œillets et les roses que j'ai cueillis pour elle dans mon parterre. Je ne doute pas que ces fleurs, qu'elle a toujours beaucoup aimées, ne lui soient infiniment agréables.—Nous accompagnerez-vous dans le voyage que nous avons dessein de faire cet été? Nous passerons par les villes d'Arles et de Marseille, que des hommes bien coupables ont ensanglantées.

La maison de campagne et le château que votre ami a achetés dans l'Anjou, ont été évalués plus de seize cent mille francs.—Les maux dont le ciel nous a justement accablés, prouvent combien l'Être suprême est puissant et terrible en sa vengeance. — Que de sages sénatus-consultes Caton ne provoqua-t-il pas, pour rétablir l'ordre public et les bonnes mœurs qui avaient dégénéré!—On trouve de fort beaux cafés dans cette riante promenade que j'ai parcourue, et qui est bornée par une superbe pièce d'eau en demi-lune, dont j'ai mesuré la profondeur. — Comme on s'étonnait devant Caton de ce qu'il n'avait pas encore obtenu de statue : « J'aime mieux, dit-il, entendre demander pourquoi il ne m'en a pas été accordé, que de voir des gens surpris de ce que j'en ai obtenu.»— Ma fille, vous savez que je vous ai recommandée à votre tante, qui veut bien prendre soin de vous en mon absence; j'espère que vous la contenterez. — Ma chère enfant, je vous ai toujours donné de bons exemples à suivre; je me flatte que vous ne vous écarterez jamais de la route que je vous ai tracée. — Souvenez-vous, ma fille, que je vous ai recommandé souvent d'être polie et prévenante envers tout le monde; c'est par la prévenance et par la politesse, que vos frères se sont concilié l'estime de tous les honnêtes gens. — Cette armée ne parut pas d'abord aussi nombreuse, aussi formidable qu'on l'avait annoncé. — Les talents et les vertus mal dirigés n'ont servi, dit un historien, qu'à perdre la ville d'Athènes. — Par les savantes analyses qu'il a présentées, il a, dit-on, fait faire à la géométrie plus de progrès qu'elle n'en avait fait depuis la création du monde.

Allons retrouver mes filles, que j'ai laissées dans leur appartement, où elles sont occupées à peindre ou à broder; je les ai de bonne heure accoutumées au travail; c'est d'elles aussi que j'attends toute ma consolation. — Crassus voyait d'un œil jaloux la gloire dont s'étaient couverts César et Pompée. — Cette ville fut frappée d'effroi en voyant l'ennemi sous ses murs, avant de s'être préparée à le repousser. — Il laissa échapper la victoire que semblaient lui promettre ses lauriers; souvent il l'avait fixée par ses manœuvres habiles, et elle lui serait sans doute restée fidèle, sans les circonstances qui ont précédé son entreprise. — Une table que j'ai placée à la fin du volume, indique les sujets que j'ai empruntés, et les sources qui me les ont fournis. — Nous avons lu les beaux plaidoyers que nous avions entendu prononcer, et nous en avons admiré l'énergique précision. — Les ariettes que nous avons entendu chanter aujourd'hui on été du goût de tout le monde. — Le dessin et la géographie, que votre sœur a étudiés, lui procureront des instants de repos ; elle s'amusera dans le silence du cabinet, lorsque ses compagnes paraîtront s'ennuyer.—Les prix et les couronnes que cet enfant a obtenus, ont flatté son amour-propre ; j'approuve la résolution sincère qu'il a formée de travailler plus fortement encore, pour obtenir de nouveaux triomphes.—J'ai décacheté le paquet et la lettre qu'on m'a apportés ce matin, je ne sais par quelle méprise ; mais je les ai renvoyés tout de suite à la personne à qui on les avait destinés.—Quoique vous admiriez avec raison les ouvrages des modernes, je crois que les chefs-d'œuvre que nous ont laissés les écrivains de l'antiquité, l'emportent beaucoup sur nos soi-disant chefs-d'œuvre.

Vous n'écoutez pas, mon cher ami, les explications que nous faisons ici, et qui tendent à vous procurer l'instruction que vous avez négligé de recevoir jusqu'à présent.—Il serait à propos que les citoyens qu'on a élevés aux premières charges, eussent été malheureux auparavant ; ils sauraient venir au secours de ceux qu'on a opprimés.—J'ai pris lecture de la lettre que m'ont adressée vos chères tantes ; elle m'a paru ne rien contenir d'important ; je la leur ai renvoyée aussitôt que je l'ai eue lue.—Que d'écrits, que de compilations n'ai-je pas parcourus ! Mais que la plupart de ces productions étaient mauvaises !—Quelque malheureux que nous soyons dans ce monde, nous paraissons néanmoins tenir à la vie, que la nature ne nous a donnée que pour un temps.—Votre cousine, que j'ai rencontrée, m'a promis de venir à la maison, aussitôt qu'elle aura terminé quelques affaires qui l'occupent, et qu'elle a déjà commencé de débrouiller. — La fête que nous avions préparée, ne put avoir lieu, le mauvais temps n'ayant pas permis qu'on se rassemblât dans les lieux et à l'heure que j'avais moi-même indiqués.—Les terres que j'ai vu labourer, produiront une ample moisson; elles indemniseront l'agriculteur des peines qu'il a prises.—Les jasmins et les tulipes que tu as cueillis pour moi, auraient dû être offerts à ton épouse, qui aime les fleurs. — Les ouvrages que j'ai commencé d'écrire, ne pourront pas être achevés avant neuf mois, parce qu'il faut que je parcoure les volumes qu'on a composés sur cette matière fort ingrate, que personne n'a encore traitée à fond.—Il est bien difficile de perdre les mauvaises habitudes qu'on a contractées dans sa jeunesse.

Pourquoi votre frère, dont la probité est connue, n'a-t-il pas accepté les fonctions importantes que lui a confiées un gouvernement plus ami de la vertu? Tout le monde est persuadé qu'il les aurait remplies d'une manière honorable. — Avez-vous vu la pièce nouvelle qu'ont représentée ici des artistes indignes de ce nom? Nous ne l'avons pas vu jouer, parce que nous avons bien pensé qu'elle n'offrirait aucun ensemble, les histrions qu'on nous avait annoncés n'étant pas capables de remplir les rôles difficiles dont ils s'étaient témérairement chargés.—Les hommes qu'on a choisis pour confondre l'audace des méchants, sauront prouver qu'ils sont dignes du nom français et de la réputation qu'ils ont déjà obtenue. — Qui de vous a lu l'histoire que nous avons publiée sur les découvertes utiles que les savants ont faites pendant ce siècle mémorable? —La conduite qu'a tenue en cette occasion votre frère, dont j'avais toujours eu sujet d'admirer la prudence, m'a paru peu circonspecte à bien des égards. — Nous sommes allés voir un de nos amis, qui est malade depuis longtemps; une indisposition peu grave qu'il a traitée trop légèrement, l'a réduit à l'état fâcheux où il est. Sa famille, que nous avons trouvée dans l'afflic-tion, désespère de son salut.—Cette guerre entrait dans le plan du fameux concordat par lequel les triumvirs s'étaient partagé l'empire du monde.—Il ne put résister à l'espèce de délire qui s'était emparé de toutes les clas-ses de citoyens.—Les arbres que nous avons vu planter, ont fait de très-grands progrès en fort peu de temps ; je me flatte qu'ils rapporteront plus de fruits que n'en ont produit ceux que j'ai fait couper et jeter au feu, par la seule raison qu'ils ne répondaient plus aux espé-rances qu'ils m'avaient données jusqu'alors.

Ne conviendrait-il pas de s'emparer des derniers moments de ce respectable vieillard, pour faire en lui une solennelle réparation à tous ceux qu'on a laissés mourir dans un ingrat abandon ?—L'heure que j'ai en-tendue sonner, annonce le moment du départ de ces braves guerriers qui vont repousser les efforts que nous a constamment opposés une nation ennemie, mais très-belliqueuse.—Les oiseaux que j'ai entendus chan-ter, m'ont rappelé des souvenirs bien agréables qui s'étaient presque entièrement effacés de mon esprit.—Je ne puis concevoir les applaudissements nombreux que cet ouvrage dramatique a excités ; l'auteur ne mé-ritait pas la bienveillance que lui a témoignée un public trop indulgent.—Les papiers que j'ai entendu lire, me font présumer que le général français a remporté la victoire célèbre qu'on nous avait annoncée, et dont plusieurs journaux avaient déjà parlé.—Les ouvrages que tu m'a montrés et que j'ai lus avec tant de plaisir, auraient suffi pour faire la réputation de celui qui les a composés.—La pluie qui est tombée, a opéré un grand bien ; la végétation s'est accrue depuis le jour où cette pluie bienfaisante est venue humecter le sol trop aride.

—Votre sœur, que j'ai vue, se propose de composer un herbier de toutes les fleurs qu'elle a ramassées avec soin ; je crois qu'elle sera secondée dans son entreprise par le célèbre naturaliste qui l'a formée. — Les objections que ce savant m'a faites, sont spécieuses ; mais comme elles manquent de solidité, je n'ai pas cru devoir m'y arrêter ; je les avais prévues, et je les aurais détruites à l'instant même, si j'avais voulu prendre la peine d'y répondre. — J'ai admiré les superbes monuments que j'ai vus avec mon ami ; je les ai jugés dignes de l'architecte qui les a élevés.—Je vous engage à disposer des sommes d'argent que je vous ai confiées ; si je vous les ai remises entre les mains, je l'ai fait pour que vous vous en servissiez toutes les fois que vous en auriez besoin.

Qu'il est doux de posséder des connaissances qui ne peuvent jamais nous être ravies, et que les sages ont toujours préférées avec raison aux plus rares avantages ! —Les sociétés charmantes que tu as fréquentées, ont dû te paraître bien aimables ; du moins elles ont semblé telles à ceux qui les avaient connues avant toi. — Les plantes que j'ai cultivées de mes mains, font l'objet de l'admiration publique ; elles ont paru très-rares à des gens qui n'en avaient jamais vu de pareilles. — Que sont devenus les cèdres que votre père avait fait planter dans cette avenue? Il les a sans doute fait couper pour se chauffer cet hiver.—Le zèle et la bonne volonté que votre ami a montrés sans cesse dans le cours de ses études, lui ont procuré les connaissances solides qu'il a acquises, et qui ne l'abandonneront jamais.—Telles sont les récompenses peu flatteuses que m'ont valu les démarches que j'ai faites pour vous servir.—Les brillantes études que mon frère a achevées avec succès, l'ont mis à portée d'obtenir la place très-

honorable qu'il a toujours remplie avec distinction
jusqu'à présent.—Vous n'ignorez pas quelle est la folie
de la plupart des hommes ; vous savez qu'elle les a conduits presque toujours à leur perte.—Les Éléments
d'histoire naturelle que j'ai parcourus, m'ont semblé
écrits avec beaucoup de clarté et de méthode : je vous
invite à les lire, pour connaître cette science qui mérite
d'être distinguée.—Ma mère a reçu les excellents livres
que vous lui avez prêtés; quand elle les aura lus, elle
les enverra, avec votre agrément, à une de ses amies,
qui les lui a demandés.

Les connaissances que vous avez déjà puisées au milieu de nous, et que vous acquérez tous les jours en
nous écoutant, doivent être regardées comme le plus
bel héritage que vos parents vous transmettront.—
Je ne connais pas encore bien le caractère de vos sœurs,
car je les ai très-peu fréquentées, mais je ne doute pas
qu'elles ne soient aussi aimables que la renommée le
publie. — Quelle fête ç'aurait été pour moi d'être reçu
dans cette maison que vous avez réparée, et que vos
soins ont remeublée! C'est votre attention qui seule
l'a conservée ; votre excellent goût l'a rajeunie.—Une
mère écrivait à sa fille : « Je suis étonnée que vous n'ayez
pas encore répondu aux deux lettres que je vous ai envoyées à votre couvent, où vous ne paraissez pas vous
plaire beaucoup; votre négligence est telle, que je ne
saurais la pardonner. Eh quoi! lorsque, privée d'un
époux dont j'étais tendrement chérie, je m'attendais
à trouver en vous l'appui et la consolation de ma vieillesse, vous m'avez oubliée impitoyablement! Je suis
mère, et je n'ai plus de fille! Si vous êtes gravement
indisposée, ce que je ne peux croire, chargez une de
vos amies de m'écrire à votre place, mais du moins
que je reçoive de vos chères nouvelles.»—L'étude seule

a consolé les grands hommes dans les revers et dans les disgrâces qu'ils ont essuyés; l'étude seule leur a fait trouver quelque adoucissement à leurs maux. — Cet enfant paraît avoir beaucoup de goût pour le dessin ; mais sa mère qu'il a consultée avant de se livrer à l'étude de cet art, ne veut pas qu'il perde son temps à faire des pieds et des têtes mal ébauchés.—Jeunes gens, ne vous a-t-on pas souvent exhortés au travail qui devait faire en tout temps vos plus chères délices? Cependant nous ne voyons pas que nos exhortations vous aient beaucoup profité jusqu'à ce jour.

La métairie et le château que j'ai achetés, ont été estimés beaucoup plus cher qu'on ne vous les avait vendus. — Les dames grecques consacraient leurs richesses à embellir les lieux qui les avaient vues naître. — Les auteurs ne sont pas rares aujourd'hui; l'éloge en a beaucoup tué cette année; j'en connais aussi quelques-uns que les critiques n'ont pas empêchés de vivre. —Depuis longtemps l'Afrique était devenue le théâtre de la guerre entre les Romains et les Carthaginois; et les défaites continuelles que ceux-ci avaient essuyées, les avaient précipités vers leur ruine. —Régulus se transporta au sénat, où il parla contre l'échange que les Carthaginois avaient proposé: il représenta que les prisonniers carthaginois, qu'avait faits l'armée romaine, l'emportaient sur les généraux latins dont Carthage s'était emparée.—Hélène plut à Thésée; ses charmes, qu'il avait entendu vanter, furent cause qu'il l'enleva avec son ami Pirithoüs. — L'Académie française s'est laissé gagner de primauté par plusieurs écrivains qui ont exécuté les projets littéraires qu'elle avait conçus. — Les Athéniens prétendent que les dieux se sont disputé l'Attique, et les Corinthiens rapportent la contestation qu'ont eue le Soleil et Neptune au sujet de

leur pays. — Depuis quand habitez-vous cet asile?
Depuis quatre-vingts ans. J'ai trouvé cette maison commode, et je l'ai gardée. — On a eu pour cet élève
tous les égards qu'on a dû, prenant en considération le
repentir et la peine qu'on a remarqués en lui. — Ces
deux jeunes gens, la première fois qu'ils se sont trouvés ensemble chez moi, se sont convenu, et jamais ils
ne se sont quittés depuis l'entrevue qu'ils ont eue à leur
grande satisfaction.

On vit s'entr'ouvrir l'écueil de Scylla, si fameux
par les descriptions qu'en ont données Homère et Virgile et que nous avons admirées dans leurs sublimes
ouvrages. — Je regrette bien les douze heures que j'ai
dormi; je les aurais employées plus utilement, si l'on
m'avait rendu le service de m'éveiller. — Il ne renvoie
pas aux savants cette grande question, sans l'avoir auparavant éclairée par une discussion pleine de rappro-
chements heureux. — Cette dette sacrée de la subordi-
nation sociale, on n'a le droit de l'exiger d'autrui,
qu'autant qu'on l'a payée soi-même. — La forme épi-
stolaire est celle qu'ont adoptée les deux écrivains dont
nous avons lu les ouvrages fort utiles. — La cour de
Vienne est mécontente de la publicité que paraît avoir
donnée le cabinet de Londres au traité de subsides
signé le vingt juin. — Mais cette chaîne, répondez, ne
l'avez-vous pas choisie? Ceux qui l'ont choisie, finissent souvent par la détester; mais on me l'imposa malgré moi. — Il me parla de la dette qu'il avait depuis
longtemps contractée à mon égard; je lui assurai que
les chagrins et les peines que j'avais éprouvés, ne m'a-
vaient pas laissé le temps de dresser un compte qui
pût lui être présenté. — Le rhéteur Apollonius, quoiqu'il tirât un salaire de ses auditeurs, ne souffrait pas
néanmoins que ceux qui n'avaient aucun talent, per-

dissent à l'écouter des heures précieuses qu'ils auraient mieux employées ailleurs que chez lui.—Les comédies qu'a publiées Chabanon, paraissent d'un comique noble et d'une morale pure. — Demander si toutes les langues qu'on a parlées sur la terre proviennent d'une langue primitive, c'est, selon moi, mettre en question si toutes les nations ont eu un père commun.

Cette demoiselle s'est imaginé qu'on ignorerait la conduite peu décente qu'on l'a vue tenir; mais elle s'est étrangement trompée. Quelques précautions qu'une femme apporte pour se dérober aux regards du public, les fautes qu'elle n'avait pas prévu qu'on apercevrait, ont été remarquées dès longtemps. — Cette Troie, avec le nom de laquelle nos premières études nous ont familiarisés, dont nous avons entendu parler au sortir de notre enfance, cette fameuse Troie a-t-elle existé? — L'édition qu'on a annoncée de cet ouvrage, est enrichie d'augmentations précieuses, de preuves qu'on n'avait pas encore réunies, et qui portent jusqu'à l'évidence ce que l'auteur se propose de démontrer. — Quelle répugnance les Égyptiens n'ont-ils pas toujours montrée à prendre les habitudes des autres peuples, répugnance que les Français ont eu de nombreuses occasions de vérifier!—Corneille non-seulement créa en France la tragédie et la comédie, mais encore il s'éleva dans ces deux genres à des beautés que n'ont pas connues les anciens et que n'ont pas égalées les modernes.—On voit ici la preuve de l'intérêt que Le Kain avait inspiré à Voltaire, de l'amitié que lui a toujours conservée ce grand homme; on y voit des témoignages de l'estime qu'il s'était attirée de grands personnages et d'hommes d'un rare mérite.—Mes amis, je vous sais bon gré d'apporter aujourd'hui de meilleures dispositions que vous n'en aviez manifesté jusqu'à ce jour.—

Une dame fort âgée dit à M. de Fontenelle, en l'abordant : «Eh bien! monsieur, nous vivons encore!» Fontenelle lui mit le doigt sur la bouche : «Chut! madame; ils nous ont oubliés. »

Il y a de ces vérités simples qu'on est étonné, après leur découverte, d'avoir eues pour ainsi dire sous la main sans les saisir. — Surprises de la taille ridicule de ces pygmées, elles reprochèrent vivement à leurs maris d'avoir été assez lâches pour s'être laissés vaincre par de tels hommes. — Votre tante, qui vient de mourir fort âgée, a fait un testament olographe par lequel elle vous a laissé quinze ou seize cents livres de rente. C'était une femme infiniment respectable, que j'ai toujours estimée à cause de ses vertus et de son esprit. —La nouvelle désastreuse qu'on vous a rapportée, m'a paru un peu apocryphe.—Les expressions dont je me sers, sont loin d'être surannées; un long usage les a consacrées depuis le siècle où vécurent Racine et Boileau.—Dites-moi où vos sœurs ont passé la soirée; on ne les a pas trouvées chez elles, et je ne les ai pas vues dans la maison où je les ai quelquefois rencontrées.— De même qu'il y a des instants consacrés pour le jeu, de même il y a des heures que nous avons nécessairement destinées au travail; il faut que ces instants agréables et ces heures précieuses soient également bien employés.—Les affaires que j'ai terminées à votre grande satisfaction, m'ont donné beaucoup de mal; mais je suis loin de regretter les peines qu'elles m'ont coûté.— Cet orme et cette vigne, que j'ai enlacés, formeront un berceau charmant, et inviteront, pour ainsi dire, le voyageur fatigué à venir se reposer sous leur ombrage. — Qu'elle est magnifique, qu'elle est étendue cette forêt où nous avons égaré nos pas! Que de coteaux et de vallées agréables j'ai admirés dans ses environs! —

La comédie que nous avons lue ensemble, m'a paru bien écrite; je ne doute pas que le rédacteur de la partie des spectacles ne l'ait jugée aussi favorablement que moi.

La saison que vous avez passée à la campagne, a dû vous paraître bien rigoureuse : en effet, les métairies n'offrent rien que de triste pendant l'hiver. — Si j'étais homme à ajouter foi aux songes, je dirais que ceux que j'ai eus, ne présagent rien que de funeste ; mais qu'elle est grande la folie des hommes qui, sur la foi d'un songe, espèrent un bonheur dont ils ne jouiront pas, ou redoutent des chagrins dont ils ne seront pas tourmentés ! — Il est beaucoup de fautes grammaticales que les auteurs les plus célèbres ont laissées dans leurs écrits ; je m'étonne avec raison qu'ils ne les aient pas corrigées. — Voltaire, Buffon, etc., ne sont pas exempts de ces fautes que nous sommes en droit de reprocher ; elles déparent quelquefois les chefs-d'œuvre immortels qu'ils nous ont transmis. — La reconnaissance des peuples sera toujours le prix des services que la philosophie aura rendus à l'humanité. — Montesquieu a dit, et je le crois sur parole : « Quand je me suis trouvé dans la société, je l'ai aimée, comme si je ne pouvais souffrir la retraite et la solitude, que j'ai cependant toujours chéries. Quand j'ai été dans mes terres, je n'ai plus songé au monde. » — La franchise et la loyauté font le caractère distinctif de la nation suisse, que j'ai toujours beaucoup aimée. — Que ne puis-je vous raconter tous les bons mots et toutes les saillies ingénues qu'on a recueillis de cette nation, amie de la vérité ! — Un de leurs généraux, après une victoire qu'il avait remportée, faisait enterrer comme morts, des soldats qu'on avait seulement blessés. Ceux-ci se plaignant du peu de ménagement qu'on avait pour eux :

« Bon ? bon ! s'écria le capitaine, si l'on voulait en croire tous ces gens-là, il n'y en aurait pas un seul de mort. »

On dit que Caton oubliait facilement les injures qu'il avait reçues de ses ennemis, bien différent en cela des personnes qui ne savent rien pardonner.—On prétend que les assassinats sont très-fréquents à Rome ; on trouve dans les rues des citoyens qu'on a impitoyablement égorgés, et l'on ne peut connaître leurs assassins. —Il y a dans cette ville des hôpitaux qui sont destinés à recevoir les gens qu'on a tués, et l'on assure que ces établissements sont toujours pleins.—Les traits de courage que nous a racontés ce soldat, méritent de trouver une place honorable dans les annales françaises. Il ne faut pas que des actions aussi belles, des actions que l'admiration générale a consacrées, soient perdues pour les générations futures.—La dame que vous avez vue chez moi s'est toujours plu à soulager les pauvres et à consoler les orphelins qu'on lui a présentés.—Que de crimes il a laissé commettre ! Que d'attentats et de guerres il aurait cependant prévenus ! Que de meurtres, de misères et d'horreurs il aurait épargnés au genre humain, s'il avait voulu ! — La fameuse Clairon, que personne de nous n'a connue, s'honorait des leçons que Voltaire lui avait données sur son art. Bien loin d'en rougir, elle avouait qu'elle était redevable à ce grand homme des applaudissements que lui avait prodigués un public non moins éclairé que nombreux. —La patrie nous crie tous les jours : « Ne souffrez pas que les écoles que j'ai fondées, soient plus longtemps désertes. Que vos enfants répondent aux grandes destinées que vos généreux efforts leur ont préparées. »

La pomme de terre et le maïs sont les plus utiles

présents qu'ait faits à l'Europe la découverte du nouveau monde.—Vénus, qu'on a irritée, a confié le soin de sa vengeance à son fils, qui l'a exercée, hélas! avec trop de rigueur.—Les traces qu'a suivies Tancrède ont dirigé sa course dans la forêt; mais des idées noires et lugubres ajoutent à l'horreur et aux ténèbres que la nuit y a répandues. Il jure de venger celle qu'il croit avoir offensée, et il accuse le ciel, qui refuse à ses vœux la félicité qu'il avait espéré obtenir.—Je traversai la ville, vêtu comme à présent, le visage ombragé d'une barbe épaisse que j'avais laissée croître.—Il faut oublier les désordres et les calamités qu'a produits une perfidie active et désorganisatrice. — Que d'hommes ont supporté avec un courageux dévouement les sacrifices qu'a nécessités le passage de l'ancien ordre de choses au nouveau! Mais combien peu d'hommes se sont toujours tenus à l'écart des partis, ou les ont traversés sans mériter de reproches! — Que Dieu vous récompense! vous nous avez empêchés de mourir de faim, moi, ma femme, et cette innocente créature.—Qu'on se rappelle cette époque où la stupide férocité de nos tyrans poursuivait jusque dans le tombeau la gloire ou la vertu qu'avaient dérobée à leurs coups les générations passées. — Cette anecdote pouvait fournir quelques scènes heureuses : aussi les auteurs dont nous parlons, s'en sont-ils emparés d'une manière ingénieuse.— L'auteur d'Andromaque répara les divers outrages que ses deux devanciers avaient faits à l'illustre roi du Pont.

Ce peintre doit être satisfait des justes éloges que lui ont valu ses deux derniers portraits, que tout le monde a admirés avec d'autant plus de plaisir, qu'on n'en avait pas vu de semblable depuis longtemps. — Quoique ce jeune homme ait étudié quelques sciences qu'on

lui a enseignées, il faut encore qu'il acquière des notions
étendues sur beaucoup d'autres qu'il n'a pas apprises.
—Sous un régime plus libre, les professeurs auraient
été, dans les sciences exactes et naturelles, au niveau de
leur siècle; et, loin de repousser les lumières, il les
auraient accueillies avec enthousiasme; les universités
de France, comme celles d'Angleterre, se seraient
montrées les émules de ces sociétés savantes qui ho-
norent le genre humain.—Après avoir offert à Delille,
pour premier motif de retour, l'amour si naturel des
lieux qui nous ont vus naître, l'auteur ajoute que l'Allemagne est peu propre à inspirer de bons vers aux
poëtes français.—Muses, sortez de cet engourdissement
où vous a plongées le morne silence de la saison des
frimas. —Le laboureur se dispose à savourer les mets
que lui a préparés une épouse tendre et soigneuse. —
Ils se sont entretenus avec plaisir du ministre qui les
a comblés de ses bontés, qui leur a prodigué mille
preuves de bienveillance, et des citoyens qui les ont
embrassés, après les avoir accueillis avec intérêt. —
Les entrepreneurs qui s'étaient engagés à fournir des
vivres aux Moscovites, exécutèrent avec le grand visir
le marché qu'ils avaient fait avec le czar, en observant
les mêmes clauses qu'ils avaient stipulées. — L'étude a
coutume de nous affranchir des erreurs où nous a plongés le manque d'une bonne éducation.

Ces deux jeunes gens se sont proposés pour remplir
la place que vos amis ont perdue par leur négligence;
mais ils ne se sont pas pour cela proposé de suivre en
tout point leur conduite. — La liste des ouvrages de
Wieland est nombreuse; quelques-uns datent de mil
sept cent cinquante-deux; ils se sont succédé d'année
en année, jusqu'à celle qui court. — Cet écrivain célèbre est arrivé tard au moment de la sage retraite

qu'a conseillée le bon Horace. — Il s'est rencontré une
faute assez grave dans la feuille qu'on m'a donnée à
lire ; je ne l'ai pas corrigée, parce que je n'avais pas
reçu d'autorisation pour le faire. — Que sont devenus
ces tours superbes, ces pyramides, ces châteaux forts
qu'on avait élevés pour défendre et orner notre territoire ? — La Harpe savait que le grand Rousseau et
Voltaire s'étaient vu préférer des concurrents dont les
noms sont aujourd'hui tombés dans un profond oubli.
— Sous un pinceau tel que le sien, les réflexions que
lui aurait suggérées le tableau de la Chartreuse, auraient produit une peinture charmante de l'homme
mélancolique qui meurt de faim au milieu des dons
sans nombre que la main de la Providence lui a prodigués. — Songez-vous à la faible part que le génie
de Sterne lui a valu dans les richesses de ce bas monde ?
Il aurait pourtant fait un si bon usage de ses richesses, qu'il aurait consacrées à de bonnes œuvres !
— Il n'est pas aussi facile qu'on pourrait le penser,
de marcher dans des routes que la foule a rendues
impraticables, de s'égarer dans un pays dont la carte
est connue de tout le monde.

Je dois citer ce ministre au tribunal de la justice et
de l'humanité ; on les a trop oubliées, quand il a fallu
juger des hommes en place. Les lois que celui-ci a vio-
lées, les corps de l'Etat qu'il a opprimés, les parle-
ments qu'il a avilis, la famille royale qu'il a persécutée,
les peuples qu'il a écrasés, le sang innocent qu'il a
versé, la nation entière qu'il a livrée enchaînée au
pouvoir arbitraire, auraient dû s'élever contre ce
coupable abus des éloges, et venger la vérité que le
mensonge a trop longtemps outragée. — Nous termi-
nerons nos séances comme nous les avons commen-
cées ; nous suivrons des règles constantes que nous n'a-

vous pas abandonnées; nous remplirons les obligations que nous ont prescrites les cahiers de nos commettants. —J'ai vu, dans différents départements que j'ai habités, toutes les personnes qu'on avait rayées de la liste des émigrés, s'attacher au sol qui les ont vues naître, quelques dommages qu'elles eussent éprouvés.—Les portes que j'ai entendu fermer, roulaient sur des gonds mal assurés. — Les phrases sont plus ou moins douces, selon les mots qu'on a choisis, selon la place qu'on leur a donnée, et selon la manière dont on les a cousus ensemble. — Quand viendrez-vous, mon ami, dans la maison des champs que j'ai achetée il y a quelques mois? Quelle époque avez-vous fixée pour votre voyage? Puissé-je goûter le plaisir de vous recevoir chez moi l'automne prochain! Je désirerais que vous passassiez cette saison dans ma petite métairie, que tout le monde a trouvée si commode; vous y vivriez loin du fracas de la ville tumultueuse que vous avez habitée trop longtemps, et que vous avez toujours tant haïe. Comptez, mon ami, que vous trouverez chez moi les plaisirs innocents qui vous ont toujours plu, et qu'à bon droit vous avez toujours préférés à ces plaisirs factices dont on jouit dans les grandes villes.

La tragédie que vous avez vu jouer, n'a pas répondu, dites-vous, à l'opinion que vous aviez conçue du talent de son auteur; le style vous en a paru très-faible; les sentiments qui y sont répandus, vous ont paru mal exprimés; la pièce, en un mot, vous a semblé d'un intérêt nul. — Les femmes ont remarqué que ceux qui les ont traitées avec peu de ménagement, les ont toujours beaucoup aimées. — Je ne pouvais choisir un moment plus favorable que celui où plusieurs d'entre vous vont recevoir le prix des efforts que leur a coûté une étude importante que le plus grand nombre a trop longtemps négligée. — Les victimes furent partagées entre les dieux, les prêtres et ceux qui les avaient présentées. — Ces habitants rappellent, par la diversité de leurs costumes, les révolutions qu'a subies cet empire dans les fastes du monde. — Florian savait très-bien l'espagnol ; il lui était doux de parler une langue que sa mère avait parlée. — Le trop de liberté qu'ils se sont donné, a nui à l'avancement dans la carrière qu'ils avaient commencé à parcourir avec distinction. — Les écrits fameux qu'a vus naître le siècle de Louis XIV, seront connus et admirés de nos derniers neveux. — Deux colombes qui s'étaient construit un nid commode près de ma maison, ont disparu tout à coup, ont abandonné le lieu qui les avait protégées, quelle qu'eût été ma satisfaction d'épier constamment leurs habitudes. — Cette vérité, messieurs, je vous l'ai déclaré, doit rester ensevelie dans le plus profond secret. — Vous êtes importunés de l'éclat de la France, vous êtes affligés de la force que lui ont acquise ses armes victorieuses.—Ceux qui décrient la paix, se plaisaient sans doute à la vue des grandes tempêtes qu'on aurait excitées ; mais ils les ont contemplées du port. Ne pourraient-ils quelquefois songer à la multitude de malheureux qu'ils ont vus se débattre dans les horreurs du naufrage ?

Les professeurs des écoles centrales ne se sont laissé rebuter ni par l'indifférence qu'on leur a souvent témoignée, ni par le défaut de payement dont ils ont eu à se plaindre. — Cette musique est vraiment belle, et je suis certain que tous ceux qui l'ont critiquée d'abord, lui rendront bientôt la justice que lui ont rendue les hommes même d'un goût sévère.—Je vous envoie quelques papiers que vous ne croirez pas inutile, je pense, d'examiner avec soin ; je les ai trouvés dans

une armoire que mon oncle tenait toujours fermée.
— Elles ont bien mérité de la patrie, ces armées glo-
rieuses qui l'ont défendue au péril de leur vie ; mais les
généraux qui les ont conduites tant de fois à la victoire,
ont certainement les mêmes droits à notre reconnaissance, quelles que soient les opinions que chacun ait
professées.—Une jeune personne s'est précipitée avant-
hier d'un bateau de blanchisseuse dans la rivière. Les
prompts secours qu'on lui a portés, l'ont empêchée
de se noyer. — Les hommes malheureux ont des amis
que leur a préparés la Providence ; ils en reçoivent
des secours et des conseils. — Ce magistrat a donné
sa démission, comme nous l'avons annoncé ; il n'a
pas voulu garder plus longtemps la place que lui avait
confiée le gouvernement. — Mes amis, je vous ai toujours recommandé la diligence et la sagesse, sans
lesquelles vous ne pouvez pas faire de progrès dans
les sciences qu'on a commencé à vous enseigner. —
Nous ne quitterons jamais les sociétés littéraires que
nous avons eu coutume de fréquenter jusqu'à présent ;
les discussions scientifiques qui y sont élevées depuis
le jour de leur organisation, n'ont pas peu contribué
à notre avancement dans la carrière des lettres.

Les peines que nous avons vu ce célèbre grammairien
se donner pour conduire la langue française à sa perfection, nous prouvent combien l'étude en est précieuse.
— La question que j'ai entendu faire, si le français
est une langue ou un jargon, me paraît un crime de
lèse-majesté nationale.— C'est à la paix, c'est au repos tant désiré, que nous devons les progrès que nous
avons déjà faits pour notre régénération sociale. —
Les œuvres que j'ai possédées quelque temps chez moi,
sont d'un sage de l'antiquité qui connaissait bien le
cœur humain ; je les ai lues avec beaucoup de réfle-

xion pour me confirmer dans l'opinion avantageuse que j'ai toujours eue de ce philosophe. — Le travail et l'étude pourront seuls vous procurer, mon ami, les connaissances dont vous avez besoin. — Les conseils que je vous ai donnés, en vous invitant à étudier les diverses parties d'instruction auxquelles vous êtes étranger, ne peuvent qu'être approuvés de tout le monde; vous ne vous repentirez donc pas de les avoir suivis.— Quelles sont ordinairement les matières des conversations des jeunes gens? Ils n'en ont point. Si quelquefois ils se sont entretenus ensemble, ils n'ont parlé que de choses frivoles; et les conversations qu'ils ont eues par hasard, ont roulé sur des objets fort peu intéressants.—J'ai reçu une lettre de votre oncle, pour lequel j'ai une vraie considération; il paraît que je puis compter sur les dispositions très-favorables que m'a toujours témoignées ce galant homme. Je n'oublierai jamais les marques d'estime qu'il m'a données dans tous les temps. — Les réflexions que vous avez lues dans cet excellent ouvrage, étaient de nature à être goûtées: aussi ont-elles paru faire plaisir; c'est la philanthropie la plus aimable qui les a dictées à la personne qui nous les avait fournies, avant qu'elles vissent le jour.

Ce jeune homme ne saurait relire trop souvent les documents et les règles qu'on lui a donnés sur la syntaxe; ils peuvent seuls l'instruire dans le grand art de parler. — Comment se fait-il qu'il y ait si peu de jeunes gens qui aiment à lire? C'est dans les livres seuls, quand on les a bien choisis, qu'on peut puiser ces tours heureux, ces expressions admirables et ces idées neuves, que j'ai rencontrés si souvent dans les écrivains de l'antiquité. — La conduite que votre fils a tenue jusqu'à présent, ne saurait dissiper les soup-

çons humiliants qu'il a fait naître en nous, et que j'ai
souvent eus moi-même sur son compte. — Je sens
tout le prix de mes droits, je n'ai pu y renoncer;
pourquoi donc les avez-vous indignement méconnus,
en m'accablant de maux? Si je les ai soufferts, c'est
que je n'ai pu faire usage de ces mêmes droits que la
nature m'a donnés. — Je dois, mon ami, te remercier
de la complaisance que tu as eue de me faire parvenir
les ouvrages qu'on t'a prêtés; je te les renverrai
dès que je les aurai lus. — Tôt ou tard les rayons perçants de la vérité vengeront la vérité que les hommes
auront négligé de suivre. — La feuille qu'on nous avait
annoncée devoir paraître, a trompé notre attente;
l'opinion que nous avions conçue par avance de ceux
qui devaient la rédiger, était au-dessus de leurs talents.
— Il s'en faut beaucoup que les rois qui sont morts,
aient été tels que la flatterie les avait dépeints pendant qu'ils vivaient.— Les gens de bonne foi sont forcés de convenir qu'une erreur, bien que les hommes
l'aient respectée de tout temps, n'est pas moins une
erreur. — Ils ont satisfait aux exigences du moment;
mais ils se sont attiré de bien justes reproches.

Si ce jeune homme a obtenu la couronne qu'on lui a
remise, il ne l'a obtenue qu'après l'avoir disputée par
son talent; et il ne l'a pas ravie.—Nous vous avons tracé
la règle qui doit nous juger; nous vous avons dit nos devoirs; ce sera vous qui nous direz si nous les avons remplis.—L'éruption du Vésuve est un des spectacles que ni
le pinceau ni la parole ne sauraient reproduire, et que
la nature semble s'être réservé de montrer seule à l'admiration des hommes. — L'alliance que le tyran de
Syracuse avait envoyé demander, fut accordée. —
Les traits de courage qu'on nous a racontés, méritaient
de trouver une place honorable dans les fastes de notre

gouvernement, qui s'est soutenu avec tant d'éclat pendant une longue suite d'années. — Les notes savantes que cet auteur a consultées, depuis qu'on les a rendues publiques, ont donné un grand relief à l'histoire qu'il a publiée ; je suis certain que ces mêmes notes, quand vous les aurez lues, obtiendront votre suffrage. — Les lauriers qu'on a cueillis sans péril, ne méritent le plus souvent que du mépris. — Les orateurs que j'ai entendus discourir sur cette matière fort délicate, ne m'ont pas paru l'avoir assez longtemps méditée. —Tous tant que nous sommes, faibles mortels, nous devons remercier Dieu, seul dispensateur des bienfaits, des vertus et des bonnes qualités que nous avons reçus de lui. — Je ne pense pas que vous ayez lu les différents ouvrages qu'a publiés ce philosophe peu connu ; je les ai prêtés à un de mes amis, et je me propose de vous les envoyer, quand ils me seront revenus. — Un généreux soldat ne craint pas la mort, quand il l'a bravée mille fois au milieu des périls les plus grands.

Ta sœur m'a dit qu'on lui a parlé des couplets charmants qu'on a composés pour la fête qui a eu lieu ce matin ; je désirerais que tu les apportasses. Je les ai entendu lire ; mais, quand je te les aurai entendu chanter toi-même, je pourrai mieux juger de leur mérite. — On vous remettra infailliblement vos deux lettres, car je les ai recommandées à la servante qui est venue les chercher à la maison. — Je déteste les éloges que vous m'avez prodigués ; je ne crois pas, mon ami, les avoir mérités par la conduite toute simple que j'ai tenue. — Il n'est pas moins glorieux que flatteur d'employer au soulagement de l'humanité souffrante, les richesses qu'on a amassées à la sueur de son front. — Nous ne pouvons qu'admirer les vertus sublimes que

Corrigé. Cacographie.

ce grand homme a déployées dans toutes les circonstances de sa vie. — Braves Anglais, j'espère que nous
ne ferons désormais qu'un peuple de frères ; les Français vous ont sans cesse recommandé, et vous recom-
mandent encore de conserver d'eux l'opinion avantageuse que vous paraissez en avoir eue jusqu'à présent.
— J'ai reconnu ces étrangers que j'ai vus passer ; ils
m'ont paru diriger leurs pas vers ces beaux lieux que
Turenne et Villars ont honorés de leur présence, et
qui sont devenus un domaine de la couronne. — Ces
lieux magnifiques, que j'ai souvent admirés avec vous,
attireront toujours un grand nombre de curieux, qui,
en se rappelant les diverses contrées qu'il ont vues et
parcourues, penseront néanmoins que, quelque beaux
que leur aient paru les pays de la France les plus célèbres, rien n'est comparable aux environs de cette ville
qu'ont habitée les différents princes que nous avons
eus pour souverains. — Vos sœurs, que je n'avais pas
vues depuis trois mois, m'ont paru écrire et parler plus
purement ; elles sont redevables de cet avantage au très-
bon maître qui leur a enseigné la grammaire, qu'elles
avaient négligé d'apprendre.

Il serait important que toutes les terres que nous
avons rencontrées sur notre route, fussent cultivées ;
la fertilité du sol, les produits des campagnes, sont la
vraie richesse d'un État. — Je doute que les motifs
et les raisons que vous avez allégués à votre père pour
justifier votre absence, lui aient paru plausibles. —
Il s'en faut beaucoup que je sois aussi heureux que lui,
bien qu'il le croie ; mes beaux jours sont passés, le
bonheur et la joie qui les ont accompagnés, ne re-
viendront plus. — Le panégyriste de ce philosophe dit
que les grands hommes par qui l'histoire avait été
traitée jusqu'alors, avaient borné leurs vues à tel ou tel

peuple; mais que cet écrivain philosophe s'est élevé au-dessus de l'atmosphère. « Il a vu, ajoute-t-il, la terre sous ses pieds, et semble l'avoir trouvée trop petite pour l'étendue de son génie. — Quand on songe aux autorités sans nombre qu'il a consultées, à la masse énorme de matériaux épars qu'il a rassemblés, à la multitude de connaissances qu'il a réunies, et de faits dont sa mémoire était surchargée; quand on songe à la difficulté qu'il a éprouvée ensuite pour faire de ces matériaux un édifice régulier et symétrique, l'esprit demeure en suspens, et ne sait lequel est le plus admirable, ou son génie ou son courage. — Il n'y a que les légions qui soient à la solde du prince, et le seul tribut de l'Égypte, de l'Afrique et de la Sicile en nourrirait trois fois autant que l'empire en a jamais eu. — Les animaux que l'homme a le plus admirés sont ceux qui ont paru participer de sa nature; il s'est émerveillé toutes les fois qu'il en a vu quelques-uns faire ou contrefaire des actions humaines. — Que nous avons vu d'hommes méchants et audacieux dans la ville extrêmement tumultueuse que nous avons habitée pendant trois ans et demi !

Je présume que votre père, à qui j'ai rendu tous les services qu'il a réclamés de moi, me prêtera, pour un jour seulement, le cheval et la voiture que je lui ai demandés. — Vous voyez, messieurs, que tout le monde ici concourt à la bonne œuvre que vous vous êtes proposé de faire; elle remplira l'attente des malheureux qui nous ont demandé les moyens de travailler. — Les Grecs, étant sortis de la ville de Troie, qu'ils avaient livrée aux flammes, firent annoncer par un héraut d'armes (ce qui fait l'éloge de la nation grecque), que chaque citoyen libre pouvait emporter avec soi, sur ses épaules, ce qui lui paraissait le plus essentiel et le plus précieux. — Il n'y a pas de gens dans le monde, que j'aie plus méprisés que les petits beaux esprits, qui presque tous ont plus de prétention que de jugement. — Turenne disait que, si l'homme le plus parfait donnait tous les soirs la liste des pensées et des volontés qu'il a eues dans le cours de la journée, on le jugerait digne des petites-maisons.—Un enfant, dans l'ombre et dans le silence de la nuit, redoute les fantômes qu'il s'est créés ; il est souvent difficile de bannir la frayeur qu'il a eue. — J'ignore quels moyens votre frère a employés pour parvenir à son but ; mais je crains fort que ces moyens ne soient pas tout à fait licites. —En rappelant au peuple français les vertus qu'il a perdues, et en le félicitant de celles qu'il a conservées, vous auriez donné tous les genres de leçons et d'exemples à la fois. — On dit que M. Pitt a refusé la statue que lui avaient décernée les négociants de Londres.—Protégées par les papes, qui donnaient l'exemple aux rois, les sciences s'envolèrent de ces lieux sacrés où la religion les avait réchauffées sous ses ailes.

Newton n'eut plus qu'à mettre en œuvre les matériaux que tant de mains lui avaient préparés ; mais il le fit en artiste sublime. — Nous l'avons visitée au milieu de la nuit, la petite vallée solitaire habitée par la famille des castors. — Tous ces instincts que le maître du monde a répartis dans la nature, disparaissent pour le philosophe qui refuse de croire en Dieu. — Pour peu que l'absence ait duré, que retrouvons-nous aux lieux qui nous ont vus naître? Combien existe-t-il d'hommes de ceux que nous y avions laissés pleins de vie? — Il y a telle de mes périodes que j'ai tournée et retournée cinq ou six nuits dans ma tête, avant qu'elle fût en état d'être mise sur le papier. — Ma mère était riche; elle avait de la sagesse et de la beauté ; ce n'avait pas été sans peine que mon père l'avait obtenue.—L'É- locution consiste à orner les raisons qu'on a inven- tées et disposées dans un ordre naturel , et à leur don- ner un tour et des grâces qui gagnent l'esprit et le cœur. — Ne serions-nous pas en contradiction avec nous-mêmes , si, après avoir conquis ces beaux monu- ments qui sont arrivés d'Italie , si, après les avoir transportés au sein de la France, nous nous bornions à les admirer un moment, et si nous n'étions pas en- flammés du désir de les effacer? — L'homme a recours à la poésie et à la musique pour raconter à ses fils attentifs les jouissances qu'il a éprouvées , les travaux qu'il a faits, les succès qu'il a obtenus , les inventions dont il s'est enrichi , et les grands événements physi- ques dont il a été le témoin. — Leur chasse, plus heureuse, leur fournit un aliment plus substantiel et plus agréable que des végétaux que la culture n'a pas encore améliorés.

Quelle puissance que celle de l'espèce humaine dé- veloppant par sa propre force toutes les facultés qu'elle a reçues de la nature ! Quelles victoires que les siennes ! Elle a tout asservi. — Suivons ces généreux guerriers ; marchons comme eux au bonheur et à la gloire par la route que leur sang nous a tracée. — Ce héros tendit sa main pour me bénir ; et, d'un air recueilli, il prononça à demi-voix des mots que j'ai à peine entendus, et que j'ai compris encore moins. — Un juif très-opulent de la ville de Bordeaux , chef d'une maison de commerce qu'il avait agrandie par son industrieuse activité , était à son lit de mort, envi- ronné de ses amis et de quelques-uns de ses enfants. Ne pouvant se dissimuler que sa fin approchait, il fit rassembler tous ses fils, et leur distribua les nombreuses richesses qu'il avait amassées à la sueur de son front.

— Quand il eut rempli ce premier besoin de son cœur, quand sa sollicitude paternelle eut été satisfaite à cet égard, il dit à l'aîné de ses fils, dans lequel il avait placé toute sa confiance : « Apporte-moi, mon ami, une petite cassette que tu trouveras dans mon cabinet ; je l'y avais renfermée avec soin jusqu'à ce jour ; mais il est temps enfin que je l'expose à vos yeux, et que je vous manifeste à tous quelles sont mes intentions. »

— La cassette que ce bon père avait demandée, n'eut pas été plutôt apportée devant lui, qu'il dit à ses enfants assemblés : « Sachez un secret dont je veux enfin vous faire part. Cette cassette que vous voyez, renferme environ cent mille écus de billets de diverses sommes. En approchant du tombeau, où je vais bientôt descendre, je ne veux d'autre richesse que celle ci ; c'est la seule que je me réserve, c'est la seule qui me soit bien chère, puisque ici sont déposées les preuves des services que j'ai rendus à des infortunés.

« Vous ne doutez pas assurément que ces richesses ne m'appartiennent, et que je ne puisse en disposer à mon gré. Les billets que renferme cette cassette, ont été souscrits à mon profit par les divers malheureux que j'ai obligés dans le cours de ma vie. — Comme je ne veux pas que ma mort soit un signal d'inquiétude pour ces infortunés à qui j'ai prêté des secours, lorsqu'ils les ont réclamés de moi ; comme je ne veux pas qu'ils aient à craindre d'être tourmentés, quand je ne serai plus, pour des remboursements que je n'aurais jamais exigés d'eux tant que j'aurais vécu, souffrez, mes chers enfants, que je fasse en leur faveur une bonne action, la dernière de ma vie. — Une bonne action d'un père, vous le savez, mes enfants, est un fort bon héritage, et je n'ai plus qu'un vœu à former avant de mourir : c'est qu'à l'heure de votre décès, vous puissiez en faire autant. » — A ces mots prononcés avec toute la chaleur de l'âme, le bon vieillard ouvrit la cassette qu'on lui avait apportée, en tira tous les billets, et, après les avoir examinés un moment, il les jeta au feu en présence de ses enfants, qui, on doit le dire à leur gloire, le comblèrent de bénédictions pour cet acte de générosité bien rare dans le siècle où nous vivons. — Les efforts de l'athéisme furent longtemps impuissants ; ils l'auraient été toujours, si l'autorité publique ne s'était laissée séduire par les dehors trompeurs de la philosophie. — Les discours que j'ai entendu prononcer sur les avantages de l'adversité, m'ont paru bien propres à faire désirer à l'homme des revers et des calamités, sans lesquels son courage et sa vertu ne peuvent être mis à l'épreuve.

Nos voyageurs, ayant longtemps vécu parmi ces insulaires, non-seulement se sont concilié leur affection, mais encore sont parvenus à obtenir d'eux tout ce qu'ils désiraient. — Cette femme n'est pas aussi acariâtre que vous l'avez cru ; elle a de la douceur dans le caractère, ce qui me persuade que vous l'avez mal jugée. — La partie historique des ouvrages que j'ai reçus de vos mains, se trouve entièrement dépouillée de tous les détails techniques qu'on y avait renfermés. — Il faut que vous ayez l'ouïe bien fine, pour avoir entendu la saillie que j'ai racontée tout bas à votre frère. — Aristote est un homme étonnant par la variété de ses connaissances, et par le nombre des sujets qu'il a traités. — Quoique les sophistes grecs, par la subtilité de leur esprit, aient abusé de la logique d'Aristote, on ne peut néanmoins lui refuser le tribut d'éloges que mérite l'idée qu'il paraît avoir eue le premier, de classer et de discuter les diverses formes de raisonnements. — Les progrès qu'a faits, de nos jours, la science du gouvernement, ont jeté une nouvelle lumière sur son traité de politique ; et, pour fixer d'une manière irrévocable la place que doit tenir chacun de ses écrits, il ne nous manque que de voir les savants qui les ont plutôt surchargés qu'éclaircis, remplacés par des traducteurs versés dans les sciences qu'il a traitées, et, qui, par leurs connaissances, puissent développer les matières que le temps a rendues obscures pour tous ceux qui n'avaient que la science des mots. — Nous ferons connaitre succinctement les premières sources de ces brillantes allégories sur lesquelles les poëtes anciens et modernes ont bâti leurs fictions, et les explications ingénieuses qu'on en a données, fondées, pour la plupart, sur les usages des plus anciens peuples, et sur le souvenir des catastrophes qui ont bouleversé la surface de notre globe.

Les hommes probes ignorent les routes de l'ambition et de l'intrigue, que les mauvais citoyens ont toujours suivies pour usurper les honneurs et les places qui ne sont dus qu'au mérite. — Renfermés dans leur modestie, les gens honnêtes se dérobent aux regards de tous ; sûre de faire en eux de très-bons choix, la puissance souveraine doit tâcher de les découvrir, en quelque lieu qu'ils se réfugient. — Le gouvernement lui a témoigné sa satisfaction des peines qu'il s'est données pour l'amélioration des établissements des pauvres. — Vous avez là un joli écrin ; combien vous a-t-il coûté? Je ne l'ai pas acheté, je le tiens de ma sœur que j'ai perdue cette année, une maladie épidémique l'ayant enlevée à la fleur de l'âge. — Pour dominer les arts, il avait fallu jusqu'à ce jour les corrompre; l'humiliante protection de certaines cours les avait ravalés au point de ne les faire considérer que comme des instruments de la superstition, ou de simples ob-

jets d'amusement. — Les arts, que le despotisme avait
humiliés, n'obtenaient qu'à force d'affronts la tolérance de leur gloire et le pardon de leurs succès. —
L'Asie, qu'on avait accoutumée au joug, a vu enfin
briser ses fers, et elle a chanté les héros qui les ont
brisés. — Cette femme a nui à beaucoup de gens;
mais, le malheur l'ayant enfin domptée, elle s'est at-
tachée à réparer tous les maux qu'elle avait faits. —
Lucrèce, dont vous faites mention, ne s'est pas laissée
tuer; elle s'est poignardée elle-même, après l'outrage
qu'elle a reçu. — Quels soldats la France n'a-t-elle
pas trouvés, lorsqu'il s'est agi de combattre! Et
quelle valeur n'ont-ils pas déployée! — Les juges ont
renvoyé cette femme, après l'avoir reconnue innocente;
cependant elle n'a pas voulu nommer ceux qu'on avait
dits avoir participé au crime dont elle était accusée.

C'est des débris de l'empire romain, que se sont
formés la plupart des États de l'Europe. — Que de
jeunes gens se sont repentis de n'avoir pas écouté les
bons conseils que nous leur donnions! — Combien de
pays n'ai-je pas parcourus! Que de régions n'ai-je pas
observées dans mes voyages! — Votre sœur s'était
mis dans la tête de ne pas étudier la géographie qu'on
voulait lui enseigner; je crois qu'elle se sera repentie
de ne s'y être pas appliquée. — Les moyens que vous
nous avez fait prendre, ne valent rien; personne ne
les a approuvés. — Les dames que j'ai vues passer sous
mes fenêtres, allaient sans doute à la promenade où
se sont rassemblées, dit-on, les plus jolies personnes
de la ville. — Ce courtisan fort adroit a obtenu du
prince toutes les grâces qu'il a demandées, et toutes
celles qu'il a voulues. — Les lois que s'était imposées
cette nation guerrière, étaient pleines de justice et
de sagesse. — Cette ville s'est rendue célèbre par les

*6

différents assauts qu'elle a eus à soutenir. — J'aurais
bien voulu éviter les détails dans lesquels je suis entré;
mais je les ai crus nécessaires pour répondre aux diverses objections que vous m'avez soumises. — L'opinion de Ménage me paraît conforme à la règle générale, qui, dans les ténèbres où l'usage nous a laissés,
peut seule nous servir de flambeau. — Cette ville,
qui n'était rien autrefois, le commerce l'a rendue,
en moins de trois ans, assez puissante pour lui donner les moyens de faire tête à ses voisins. — Les ennemis nous ont rendus, au bout de vingt-quatre heures,
maîtres d'une place qu'on avait crue imprenable.

J'ai deux enfants charmants; je les ai fait peindre
ensemble, tenant chacun un oiseau sur leur doigt.
— Cette jeune dame est partie pour les eaux d'Aix-la-
Chapelle, mais on dit que la fièvre l'a prise en route.
— Ce fameux capitaine a gagné plus de batailles que
bien des gens de lettres n'en ont lu. — Tout le monde
se souvient encore de la disette qu'il y a eu pendant
six semaines de la présente année.—Ce procès dure
trop longtemps; ils se sont déterminés à le finir incessamment, à quelque prix que ce fût. — Telles sont,
madame, les réflexions critiques que j'ai cru utile de
vous soumettre, avant l'impression de l'ouvrage que
vous avez terminé. — Quelques-uns de nos modernes
se sont imaginé qu'ils surpassent les anciens; or,
qu'elle est grande leur vanité en ce point! — C'est un
honneur auquel la femme savante dont il est question
a toujours aspiré, et qu'elle s'est vantée d'obtenir. —
Parmi les héros qu'a produits l'antique Rome, il en
est beaucoup qui se sont dévoués pour la patrie. —
Ainsi se sont perdues les femmes qui n'ont pas craint
d'outrager la décence et la morale publique. — Les
pénitences que se sont imposées les solitaires de la

Thébaïde, étaient extrêmement rigoureuses. — Cette jeune personne s'est laissée séduire par les promesses qu'on lui a faites, et qu'on n'a pas tenues. — Nous sommes bien reconnaissants des peines que vous vous êtes données pour nous procurer les nouveaux ouvrages que nous avons paru désirer lire. — Terminez au plus tôt les affaires que vous avez prévu, ce me semble, que vous aurez. — Les tribus demandèrent à Clodius l'exécution de la parole qu'avait donnée le consul Valérius.

Je dois blâmer sévèrement le peu d'attention que vous avez apporté en composant ce devoir, qui n'était pas fort difficile. — Cette jeune fille, en tombant, s'est crevé les yeux; on l'a reportée chez elle pour lui administrer les secours qu'exige sa position.— Croyez-vous, mes amis, que les richesses vous auraient rendus heureux? — Les sciences que mes fils se sont plu à cultiver, sont bien préférables aux richesses. — Les mauvaises nouvelles se sont toujours répandues plus promptement que les bonnes.— Il ne faut jamais passer d'une chose à la suivante, sans avoir bien compris celle qui précède, et sans se l'être rendue familière. — Cette bonne mère s'est proposé d'enseigner à ses enfants l'histoire et la géographie, qu'ils n'ont jamais bien sues. — Que de gens se sont repentis de ne s'être pas appliqués pendant leur jeunesse ! — Je suis bien aise, mes amis, que vous ayez profité des instructions qu'on vous a données; la science vous a faits des jeunes gens estimables. — Les grandes pluies qu'il a fait cette année, ont dû pourrir les grains qu'on a semés.— Ah ! comment s'est éclipsée tant de gloire ? Comment se sont anéantis tant de travaux ? Le peu de monuments qui sont restés attestent le pouvoir du temps. — Avec des soins, on aurait pu sauver cette jeune personne ; mais on l'a laissée mourir, sans lui donner les secours dont elle avait besoin. — Shakspeare et Molière se sont vus forcés de monter sur des tréteaux pour gagner leur vie ; semblables à deux philosophes anciens, ils s'étaient partagé l'empire des ris et des larmes. — Cet enfant veut fortement les choses qu'il a une fois voulues. — Saurez-vous bien faire l'application des règles qu'on vous a données à apprendre, et que vous avez entendu réciter ?

Pourquoi vous êtes-vous écartés, mes enfants, des bons principes que vous aviez commencé à suivre ? — Combien de jours n'avons-nous pas employés à faire ensemble des lectures réfléchies, sans compter les nuits que nous avons travaillé l'un avec l'autre ! — Ces femmes se sont faites à nos usages domestiques ; il ne leur a même pas paru pénible de s'y accoutumer. — Vos jeunes frères se sont proposés pour modèles de sagesse ; mais je pense qu'on trouverait trop à blâmer en eux, pour qu'on dût les prendre pour guides. — Ces marchands se sont fait une mauvaise réputation ; on les a toujours vus sacrifier la probité à l'amour de l'argent. — Que de pleurs n'ai-je pas versés, en me voyant contraint d'abandonner ceux qui m'ont donné le jour ! — Les malheureux ! ils ont su qu'on voulait attenter à notre vie, et ils nous ont laissé assassiner ! — Les papiers que j'ai envoyé chercher, vous feront connaître le fil de cette intrigue. — Le peu de femmes que j'ai vues dans ce pays, étaient d'une amabilité charmante. — Delille a fait plus de vers que vous n'en avez lu dans votre vie. — Ma mère, que vous avez laissée partir, ne reviendra pas dans cette demeure qu'elle a quittée. — Ces ouvriers n'ont pas de pain, la rigueur de la saison les ayant empêchés de travailler pendant l'hiver. — Les honneurs que votre habit vous a valu, sont loin de l'emporter sur ceux que nous a mérités la haute considération dont nous jouissons. — Que de fautes nous avons comptées dans ce roman, qui a été traduit par un écrivain très-connu ! — Les déportements de ce jeune homme sont le résultat du peu de soumission qu'il a toujours manifesté envers ses parents.

Ce médecin était très-bienfaisant ; il a consacré au soulagement de l'humanité le peu de jours qu'il a vécu sur la terre. — La Fontaine est sans contredit un des hommes les plus célèbres que le département de l'Aisne ait produits, un des meilleurs poëtes que la France ait vus naître. — On a envoyé dans les colonies les troupes qu'il a fallu, pour y rétablir la paix et la tranquillité. — Dans cette lutte qu'on a laissée s'engager, les outrages et les injures se sont succédé sans interruption. — Le peu d'ouvrages que cet écrivain a composés, obtiendront les suffrages de nos descendants. — Mes amis, les habitudes qu'on vous a laissé contracter, tourneront un jour à la honte de vos parents. — Les successeurs d'Alexandre se sont partagé les dépouilles que ce prince ambitieux a remportées sur le grand nombre de peuples qu'il a vaincus. — Votre sœur est encore à la ville ; nous l'avons empêchée de partir pour la campagne où elle s'était proposé de passer les fêtes prochaines. — La pièce que votre ami a composée, n'a obtenu aucun succès ; pourquoi l'avez-vous laissé jouer ? pourquoi l'avez-vous aussi laissée tomber ? — Je vous garantis que j'ai dessiné plus de paysages que vous n'en avez jamais vu. — Que de courage et de patience cette femme n'a-t-elle pas montrés dans mainte occasion ! Les froids qu'il a fait cette année, l'ont mise dans une situation qu'il serait difficile de décrire, mais que j'ai peinte à sa famille qui paraît l'avoir abandonnée. — Je regrette les sommes considérables que ce procès m'a déjà coûté ; je désire le terminer avant peu.—Pourquoi verserai-je de nouveaux pleurs? je n'en ai déjà que trop répandu.

La difficulté que je me suis proposée, n'était pas facile à résoudre ; cependant je l'ai vaincue à force de recherches. — Ce sont là des beautés nouvelles que la plupart des anciens n'ont pas connues, mais que les Sophocle et les Euripide n'auraient pas négligé d'introduire dans leurs ouvrages. — Les mécomptes qu'il y a eu entre nous, proviennent du peu d'attention que nous avons apporté à écrire les dépenses domestiques. —Ces enfants se sont laissé dévêtir; on leur a pris tout ce qu'ils possédaient. — Votre maison n'est pas aussi commode que je l'avais cru ; je n'y vois aucune armoire où l'ont puisse placer des livres ou des habits.— Vos fils sont à plaindre; on les a laissés contracter des engagements qui les ont détournés sans cesse des devoirs qu'ils ont eus à remplir.—Je te rends les onze volumes que j'ai empêché qu'on ne prît chez toi. — Il est important que chacun sache de quelle nécessité il est d'ajouter de nouveaux impôts à ceux qu'on nous a vus payer jusqu'à ce jour.—Les champs que vous avez vu cultiver, doivent nous produire une récolte abondante ; ils sont très bien-situés, et les nouveaux engrais que j'y ai fait apporter, ne peuvent que rendre la terre bien meilleure. — La pluie que nous avons entendue tomber, fertilisera les jardins et les prairies que j'ai achetés depuis peu. — Les habitants de Chios leur envoyèrent des troupes en reconnaissance de celles qu'ils en avaient reçues dans la guerre qu'ils avaient eue à soutenir contre les Érythréens.—J'ai entrevu dans les projets que tu m'as communiqués, un grand nombre de difficultés qu'on ne pourra pas surmonter sans peine ; cependant je crois les avoir vaincues en partie.

Je m'abusais peut-être; mais cette erreur, si c'en est une, m'a procuré trop de jouissances délicieuses, pour que je me repente jamais de l'avoir embrassée. —Ces lois étaient bonnes sans doute; or, je vous le demande, pourquoi les a-t-on laissées tomber dans un éternel oubli?—Parmi les arts que le génie et la persévérance dans le travail ont créés, il en est trois surtout qui méritent votre attention, savoir: la peinture, la sculpture et l'architecture. — Soyez glorieux, jeunes élèves, des progrès que vous avez faits dans la musique, et des palmes qu'ils vous ont méritées. J'aime à le croire, ces vérités vous sont connues; l'exemple des professeurs à qui votre éducation est confiée, leurs entretiens que vous aurez goûtés, vous les auront déjà rendues familières. — Je doute que les marchés que j'ai vu passer, puissent tenir dans les circonstances difficiles où nous nous trouvons, et dans lesquelles tant de personnes manquent, malgré elles, à leurs engagements sans avoir intention de léser les intérêts d'autrui.—Alexandrie est au milieu du désert. La ville des Turcs est bâtie aux dépens des villes des Arabes, où l'on n'a conservé intactes, que les citernes qu'on n'a pas pratiquées sous la nouvelle ville.—Nous ferons l'histoire des préjugés, nous montrerons comment ils se sont succédé, et se sont détruits les uns par les autres. — Les fleurs que j'ai vu cultiver avec succès chez votre père, sont les œillets et les tulipes, que j'ai moi-même beaucoup aimés.—Nous allons parcourir une carrière féconde en vérités utiles; et dans quel lieu la parcourrons-nous? Au milieu des collections les plus riches et les plus nombreuses que l'amour des connaissances humaines et la protection du gouvernement aient jamais réunies.

Que d'autels le peuple n'aurait-il pas érigés, dans l'antiquité, à un Grec qui aurait découvert l'Amérique ! — Vous recevrez ci-inclus copie de la procuration que le notaire a demandé qu'on lui envoyât.—Les superbes hôtels que nous avons vu bâtir, ont dû coûter des sommes exorbitantes ; on les aurait mieux employées à soulager les malheureux.—Madame nous a paru fort contente des ariettes qu'elle a entendu chanter ; elle les a trouvées, je crois, pleines de goût et d'harmonie. — J'avais de fort beaux oiseaux qu'on m'avait donnés ; mais les ayant laissés périr, j'ai fait serment de n'en plus avoir.—Caton disait qu'un homme est digne de louanges immortelles, quand il laisse en mourant plus de biens qu'il n'en a hérité.—L'occasion de faire cette conquête était bien belle : aussi fut-il blâmé par le peuple de l'avoir laissée échapper. — On peut dire de Voltaire et de Rousseau, que ces deux écrivains ont fait plus d'ouvrages que beaucoup de prétendus littérateurs n'en ont lu.—Tâchons d'imiter les vertus que nous avons entendu louer.—Cette femme s'étant présentée à la porte, nous l'avons aussitôt laissée passer.—Elle va se réfugier dans une petite chaumière qu'elle découvre à vingt pas de là ; revenue de la frayeur qui l'a fait s'y retirer, elle donne à Alphonse une lettre de son père qui le rappelle. — Ces couplets ont paru très-agréables aux personnes qui les ont entendu chanter ; pour moi, je les ai trouvés fort ingénieux. —Dispensez-vous, mon ami, de nous redire cette histoire que vous nous avez déjà racontée ; nous nous la rappelons fort bien.

Il s'en faut beaucoup que j'aie été content des acteurs que votre mère m'avait tant vantés, dont elle m'avait tant préconisé les talents dramatiques, et que j'ai vus jouer aujourd'hui ; ils m'ont fait perdre plusieurs heures, que j'aurais mieux employées. — Les règles de la grammaire, que j'ai entendu expliquer et développer, m'ont paru fort bien analysées. — Votre sœur que j'ai

entendue répondre sur les principes de la langue française, qu'elle n'a étudiés que pendant six mois, et qu'elle
me parait avoir bien saisis, montre un excellent goût et
un tact sûr.—Je ne doute pas qu'elle ne soit bientôt en
état d'enseigner cette langue, dont elle a commencé de
bonne heure à faire son étude particulière.—Depuis que
les femmes se sont répandues dans le monde aussi librement que les hommes, ceux-ci se sont imposé dans leurs
discours une réserve qu'ils n'avaient pas encore eue entre eux.—De tous les plaidoyers que Périclès a composés, il ne nous reste que des fragments. Ce fut lui qui,
le premier, introduisit la coutume de prononcer en public l'éloge des hommes courageux que la république
avait vus périr à son service.—Les orateurs romains que
nous avons commencé à lire, nous ont paru pleins d'intérêt. Mon ami, si vous ne les avez pas encore lus, je
vous conseille de les connaître, afin de puiser chez eux
les règles de l'éloquence, qu'on ne vous a pas enseignées.
—Plus de défiance il a montrée, moins de confiance il
s'est attirée. —Notre perte n'a pas été telle que vous
vous l'étiez figurée ; mais que l'ennemi a perdu de valeureux défenseurs !

J'errais dans des vallées riantes où s'élevaient des
pins et des chênes si antiques, que j'étais tenté de les
interroger sur les générations rapides qu'ils avaient
vues passer. — Ne répétez jamais les propos injurieux
que vous avez entendu débiter. — Voyez ces plantes
que j'ai laissées croître ; elles font l'admiration de
de tous les curieux, qui n'en ont jamais rencontré de
semblables.—La maison que j'ai fait achever, a paru
bien belle à tous ceux qui l'ont examinée dans toutes
ses parties.—Quelle est, madame, la contrée qui vous
a vue naître ? N'est-ce pas une de nos colonies qui vous
a donné le jour ? Je ne crois pas que vous soyez née à

Paris, comme l'ont prétendu quelques personnes.—Ces rois avaient été condamnés aux peines du Tartare, pour s'être laissés gouverner par des hommes méchants et artificieux; ils étaient punis pour les maux qu'ils avaient laissé faire par leur autorité. — Les difficultés qu'on a cherché à vaincre, ne tarderont pas à s'aplanir; et c'est avec raison que l'on dit que ceux qui se roidissent contre les difficultés, les ont vaincues à moitié. — J'ai été témoin d'une révolution qui a coûté bien du sang; j'ai vu mes contemporains, qui, au jugement de toute l'Europe, passaient pour des hommes érudits, je les ai vus décerner des titres pompeux aux apôtres du mensonge, et porter en triomphe les bustes des ennemis de l'humanité.—Les orateurs que j'ai entendus parler ce matin, m'ont paru doués d'un organe assez agréable; la matière qu'ils ont traitée, et que j'ai entendu discuter, m'a paru d'une assez haute importance, puisqu'il s'agissait de la régénération des mœurs publiques, que des hommes ambitieux et farouches ont perverties à la honte de la nation française.

Mères pauvres et délaissées, souvenez-vous que vos enfants, qui vous ont abandonnées pour aller combattre les ennemis de leur patrie, vous ont, en partant, recommandées à notre sollicitude. Essuyez donc les pleurs que vous avez répandus jusqu'à ce jour, et ceux que nous vous voyons répandre; nous ne manquerons pas à nos engagements; nous acquitterons la dette honorable que nous avons contractée. Oui, nous vous avons recommandé et nous vous recommandons encore la plus grande confiance dans les personnes que vos enfants ont choisies pour vous transmettre les secours et les consolations dont vous avez besoin. — Les palais et les châteaux que nous avons vu bâtir à grands frais, ont été construits aux dépens du peuple, qui seul a fourni les sommes exorbitantes qu'on a consacrées à la magnificence de ces somptueux édifices. — Il y a un goût superficiel qui n'est, à proprement parler, qu'une tradition du goût d'autrui ; qui ne juge rien que par comparaison, ne rapporte rien qu'aux modèles qu'il a entendu louer, et ne voit rien au delà.—On a beaucoup pensé et beaucoup écrit sur les femmes, et la plupart de ceux qui en ont parlé, les ont peu ménagées dans leurs portraits. Pourquoi les femmes se sont-elles crues peu offensées du mal qu'on a dit d'elles? C'est qu'elles savaient avoir affaire à des juges intéressés, lesquels avaient des motifs secrets pour ternir leur réputation. — La pluie qui est tombée ce matin, fécondera sans doute les champs naturellement fertiles que nous avons vu labourer. — Les nouvelles qu'ils se sont empressés de fabriquer, et qu'ils se sont avisés de débiter dans le monde, se sont trouvées fausses. — L'opinion fâcheuse que nous avons conçue de ce peuple, provient du souvenir des cruautés que nous avons vu exercer chez lui.

Mon ami, les détours que je vous ai vu employer, ne me donnent pas lieu de croire que vous soyez véridique. — J'ai reçu chez moi votre mère qui est venue s'informer des progrès que vous pouvez avoir faits dans la carrière des sciences que vous avez commencé à étudier. — Les ruisseaux que nous avons vu détourner, portent ailleurs le tribut de leurs ondes paisibles ; ainsi les campagnes que j'ai vu cultiver, ne seront plus arrosées de leurs eaux salutaires.—Quelle école que celle de la révolution ! Comme elle a changé les hommes et les choses! Combien de talents elle a produits ! Combien elle a dévoilé de turpitudes ! Combien de ressorts nouveaux elle a créés!—Ces grandes idées, ces principes et ces théories à peine connues de quelques hommes

du premier ordre, sont devenus des vérités pratiques
et familières.—Les ouvrages nouveaux que nous avons
vu représenter, ne nous ont pas paru conduits avec
intelligence; le jeune auteur qui les a donnés au
théâtre, ne connaît pas toutes les ressources de l'art
dramatique; il ne les a pas assez étudiées. — Quelles
grandes leçons nous avons reçues en peu de temps, et
quelles traces profondes elles ont laissées dans les
esprits!—Les dons de toute nature, que nous avons vu
apporter, n'ont pas peu contribué à grossir le trésor
public. — Ces règles si faciles, vous les avez déjà entendu expliquer au moins trente fois, et cependant vous
ne paraissez pas les avoir comprises! — Je ne connais
pas le produit de la terre que vous avez longtemps
habitée; mais je crois qu'elle serait très-propre à recevoir les jeunes plants que j'ai vu cultiver.

N'oublie jamais les bons avis et les leçons que tu as
reçus de tes maîtres; ils te seront utiles, dans quelque
situation, dans quelque pays que tu te trouves.—Que
de maux cette reine n'a-t-elle pas soufferts! Toutes
les années qu'elle a langui dans sa prison, lui ont paru
des siècles. Près de mourir, elle a passé dans la prière
le peu d'instants qu'on lui a laissés après sa condam-
nation. — Messieurs, votre commission vous a exposé
les vues principales qui l'ont dirigée dans le plan de
l'organisation de l'instruction publique. — Les bâtiments que j'ai vu élever dans cette ville, et qui sont
loin d'être occupés, sont en trop grand nombre relativement à la quantité des habitants. — Les sacrifices
que vous m'avez vu faire, ne permettent pas que j'en
fasse de nouveaux, quoique l'utilité publique les ait
depuis longtemps sollicités de nous.— On peut se convaincre des soins que lui a coûté l'examen d'une aussi
riche collection, par les extraits qu'il en a donnés, et

par les notices bibliographiques qu'elle lui a fournies.
—Voyez ces lionceaux qu'une mère farouche a instruits
au carnage ; leur crinière ne flotte pas encore sur leur
cou ; l'âge n'a pas encore développé les forces qu'ils ont
reçues en partage ; il n'a pas encore formé en eux les
armes meurtrières que leur a données la nature. — Il
serait dangereux de dévoiler à la jeunesse les erreurs
de ces hommes que l'antiquité nous a peints comme
des héros. Ils ont souvent terni la gloire et l'honneur
que leur ont procurés des actions mémorables, par des
écarts terribles qui les ont placés au-dessous des autres
hommes.

Les jeunes gens ne doivent connaître que ces hommes
extraordinaires qui se sont montrés supérieurs à leurs
contemporains, et qui ont fait époque parmi les nations
qui se sont glorifiées à juste titre de les avoir possédés.
— Ce n'est pas une traduction nouvelle que Mme***
a prétendu donner ; c'est seulement l'esquisse d'un
grand tableau dont elle a recueilli les traits les plus
dignes d'être cités. En élaguant tout ce qui pouvait être
retranché, si elle s'est permis de courtes réflexions,
c'est qu'elle les a crues essentielles et même nécessaires.
—Tu rougirais sans doute de voir tes bras qu'on aurait
impitoyablement chargés de fers ; travaille donc à mériter l'estime que personne ne t'a refusée jusqu'à ce jour.
— Quel service n'ont pas rendu à la jeunesse les écrivains qui ont mis à sa portée les grands exemples de
courage et de vertu que Plutarque, cet homme célèbre,
a recueillis dans ses ouvrages ! — Tant d'imprudences
de la part de ce jeune homme, sont graves et dangereuses ; elles ne tiennent pas aux vices du maître ; elles
sont le produit de leçons que l'élève a reçues, la suite
des funestes habitudes qu'on l'a laissé prendre, et le
résultat de la méthode que paraît avoir adoptée le pré-

cepteur.—Les conversations que j'ai souvent eues avec
votre père, ont tourné au profit de tous deux. J'ai lu
les divers plans qu'il a proposés sur l'économie sociale ;
et c'est avec une vraie satisfaction qu'il a lu les matières
littéraires que j'ai traitées publiquement.—Tout sages
qu'étaient les philosophes de la Grèce, que nous avons
entendu vanter si souvent dans le dix-huitième siècle,
de quelque estime qu'ils aient joui de leur vivant, ils
ont commis bien des erreurs que nous avons vainement
prétendu justifier. Ils s'étaient imposé des sacrifices et
des privations dont ils se sont bientôt lassés.

L'Éloge dont j'ai offert l'analyse, a le double avantage de présenter aux amis de la vertu l'histoire d'un
magistrat qui l'a constamment pratiquée, et aux amis
des sciences l'histoire d'un savant qui les a cultivées avec succès. — Quant à la morale, remercions
l'Être suprême de l'avoir séparée des autres sciences,
et de ne l'avoir pas abandonnée à l'incertitude et aux
aberrations de l'esprit humain. — Où nous a conduits
cette raison qui, depuis tant de siècles, s'enrichit,
dit-on, et se perfectionne ? Qu'est-il résulté de cette
masse de lumières qu'on prétend s'être accumulées
depuis six mille ans ? Dites-moi, je vous prie , quelles
sont les vérités inconnues que nous ont révélées ces
grands hommes. — Tous les fanatiques, tous les im-
posteurs se sont toujours donnés pour des hommes in-
spirés qui apportaient à leur siècle des clartés nouvelles ; et leurs contemporains ne se sont pas donné
la peine de s'assurer s'ils méritaient quelque confiance ; ils auraient reconnu que c'est cet esprit d'inno-
vation et de réforme, qui a bouleversé le monde.—Cette
femme, célèbre d'ailleurs, a avancé quelques principes erronés. « Faut-il, s'écrie-t-elle, que l'espèce
humaine se soit toujours dégradée, à mesure qu'elle

abuse d'une idée généreuse !» C'est ainsi qu'elle se
jette de déclamations en déclamations, à la manière
de cette espèce de rhéteurs et de sophistes dont elle
s'est faite le défenseur officieux. — Tous tant que
vous êtes, mes amis, vous vous êtes laissé conduire
par des intrigants. — Les oiseaux que j'ai laissé tuer,
faisaient ici beaucoup de dégâts. — La philosophie
mérite sans doute tous nos hommages ; mais les erreurs anti-sociales qu'une foule de beaux esprits nous
ont débitées depuis cinquante ans, ce n'est pas du tout
la philosophie.

Chaque jour, ces beaux esprits dénoncent de nouveaux abus qu'ils disent avoir découverts ; ils fatiguent
le public de plaintes et de murmures séditieux, sous
prétexte de perfectionner l'esprit humain. — Il était
difficile d'introduire dans les deux ouvrages que j'ai
lus, les tournures et les expressions que Michel Montaigne s'est rendues propres. — Que notre prose gagne-
rait à reprendre ces mots et ces tournures que nous
regrettons tous les jours d'avoir perdus ! — Dans le
cours de la révolution qui s'est opérée, que d'intérêts
divers ont été froissés ! A quels déchirements n'avons-
nous pas été en butte ! Combien de luttes pénibles
n'avons-nous pas eues à soutenir ! — Les commotions
politiques se sont succédé, depuis quelques années,
avec tant de rapidité, que beaucoup de questions
sont aujourd'hui sans intérêt, ou même dans l'oubli.
— Je suis loin de regretter les cent écus que m'ont coûté
ce secrétaire et cette glace ; je les ai eus tous deux à
très-bon compte. — Il avait une épée en main ; mais,
l'ayant laissée tomber, il fondit sans arme sur l'audacieux qui lui avait porté le premier coup. — Les chaleurs qu'il a fait pendant l'été, ont paru insupportables même aux personnes qui ont vécu dans les pays

méridionaux. — Votre femme s'est mis bien des chimères dans l'esprit ; cependant elle n'a plus à craindre les chagrins et les peines qu'elle a éprouvés jusqu'à ce jour. — Les deux mères que vous avez entendu juger, me paraissent s'être rendues coupables d'un grand crime ; de pareils attentats ne doivent pas demeurer impunis. — Les jeunes gens que la loi a fait partir à l'armée, ont, malgré eux, renoncé aux douceurs que leur avait promises un tendre hyménée. — La désobéissance des soldats s'est trouvée montée au plus haut degré.

Cette pauvre femme, n'ayant plus de pain à donner à ses enfants, s'est laissée périr de chagrin et d'inanition. — Les corps savants se sont fait des objections, et se sont répondu sur les difficultés qu'ils s'étaient faites. — Cet homme s'est créé tant d'ennemis, que, dans le nombre, il a dû s'en trouver quelques-uns qui se soient plu à le calomnier, à lui trouver certains torts qu'il n'a pas eus. — De deux filles qu'elle avait, elle en a fait une marchande, et l'autre, elle l'a faite religieuse. — Caton abolit l'usage que des citoyens s'étaient arrogé, de faire passer dans leurs maisons ou dans leurs jardins les eaux des fontaines publiques. — Voici la statue de cette fameuse Sémiramis que les dieux ont métamorphosée en colombe ; et c'est sous cette forme que les Babyloniens l'ont adorée longtemps. — Les habitants de Smyrne sont adonnés aux plaisirs qu'ils ont toujours aimés ; ils recherchent les douceurs de la vie : mais la mollesse ne les a pas énervés. — La ville d'Halicarnase possède de grandes richesses ; Mausole, son roi, l'a embellie de palais et de superbes monuments. — Télémaque, vainqueur de Phalante, va lui présenter néanmoins les cendres de son frère, qu'il a recueillies dans une urne d'or. — Le jeune fils d'Ulysse ne pouvait souffrir que les éloges qu'il avait mérités; les louanges des flatteurs lui étaient suspectes. — La Grèce, que tant d'artistes et de littérateurs ont illustrée, parut faite pour donner des lois à l'univers ; elle ne sut pas toutefois s'en donner à elle-même , et elle devint la proie des peuples barbares. — Les grandes leçons de morale que nous a données Cicéron dans son Traité des devoirs, peuvent nous conduire au bonheur, si nous avons le bon esprit de les pratiquer.

Rome marcha sur les traces d'Athènes ; elle parvint au plus haut degré de splendeur ; mais elle s'écroula, lorsque ses conquêtes l'eurent épuisée au dehors , et que ses factions l'eurent altérée au dedans.—Mes livres, que j'ai laissé emporter , m'auraient été fort utiles au sein des disgrâces qu'on m'a fait éprouver. — Il y a deux sortes de littératures que le philosophe a toujours distinguées : la littérature frivole , qui énerve les facultés des jeunes gens, et la littérature sérieuse, qui développe et fortifie nos organes. — Les nations ne nous ont donné que trop souvent le spectacle de ces catastrophes mémorables par lesquelles, du faîte de la grandeur, elles sont tombées dans l'oubli, et se sont précipitées dans le néant.—Que de gens nous parlent de la félicité , sans l'avoir jamais connue! — Si quelqu'un, envieux de ma longévité, désire connaître par quel art je me la suis procurée, je lui dirai que ma recette se trouve dans cette branche de la médecine qui est appelée hygiène, et qu'on a malheureusement négligé de cultiver. — Cette tragédie ne pouvait faire honneur à celui qui l'a donnée au public ; on est fâché que vous l'ayez laissé représenter. Le peu d'applaudissements que l'auteur a reçus, le dégoûteront entièrement du théâtre. —Depuis Platon , deux hommes consacrèrent

Corrigé. Cacographie. 7

les talents qu'ils avaient reçus de la nature, et qu'ils
ont fait valoir, à ramener la philosophie politique; ce
furent Cicéron à Rome, et Michel Montaigne en
France. — On sait que Cicéron, dont les ouvrages,
que vous avez commencé à expliquer, vous paraissent
si beaux, composa un plan de gouvernement.

Montaigne, doué d'un esprit délicat et judicieux,
joignait la sagacité la plus étonnante aux connaissances
profondes qu'il avait acquises par la lecture des bons
livres. — Tout le monde sait quelle bénigne influence
la doctrine de Platon a longtemps exercée sur la prospérité publique. — Les nations qui se sont éloignées
de la vraie philosophie, ont essuyé de terribles et de
nombreux désastres; le burin de l'histoire les a consacrés d'une manière bien authentique. — Vos amis,
que j'ai vus, se sont rappelé tout de suite la promesse
qu'ils vous ont faite si souvent, de vous être utiles.—
Cette bonne mère s'est laissée attendrir par les pleurs
de son fils; elle s'est créé des chagrins qu'elle n'aurait
jamais eus. — Ne pourrait-on pas être étonné de la réponse qu'ils ont imaginé de faire à l'objection qu'on
leur a soumise? — Anténor, qui vécut cent huit ans,
s'écrie: « Que d'hommes j'ai vus naître et mourir! Un
fleuve dont les flots se suivent, se pressent, est la vive
image des générations que j'ai vues s'écrouler. Que de
révolutions, de combats et de batailles écoutés alors avec
avidité, aujourd'hui entièrement oubliés! Que sont
devenus ces tyrans, ces factieux qui, féroces d'orgueil,
haletant de la soif des richesses et des dominations,
sont montés de crime en crime au gouvernement de
l'État? Ils ne sont plus qu'une vile poussière. » — Je
ne crains pas qu'on accuse cette femme d'avarice; elle
qui a consacré au soulagement des pauvres le peu de
fortune qu'elle a amassé. — Quelques progrès qu'ait

faits l'empire de Russie, quelle que soit son étendue, quelques richesses qu'il paraisse posséder, il lui reste encore à faire beaucoup de choses que le gouvernement a projetées. — Les rois d'Albe, dont Rome était une colonie, s'étaient succédé de père en fils. — Nous n'en sommes plus à vouloir une république pure telle que nous l'avons eue ; la révolution nous en a dégoûtés.

Au milieu de tant de bouleversements, et après les injustices que tous les États de l'Europe ont tour à tour ou souffertes ou essuyées eux-mêmes, il est bien difficile de réparer les malheurs de vingt années qu'on a remplies de sang et de larmes. — Cette femme aurait réussi, je n'en doute pas ; mais vous conviendrez qu'elle s'y est mal prise en débutant. — Il a traduit ce poëte grec dont nous avait un peu dégoûtés la mauvaise traduction qu'en avait donnée Le Sage. — La chambre des communes parut presque honteuse de s'être laissée dominer aussi longtemps par des factieux. — J'allai rejoindre les personnes que j'avais perdu l'espoir d'attendre, les ayant quittées depuis deux heures. — Ces deux femmes s'étaient constamment occupées à lui plaire, et, en ce point, elles s'étaient tout à fait ressemblé. — Elles s'étaient vantées que, toutes les fois qu'elles voulaient obtenir quelque chose de sérieux, elles n'avaient qu'à pleurer.—Riches, s'écrie un orateur de la chaire, vous vous êtes assez vus rouler vous-mêmes et passer avec le monde. — On parle de deux lieutenants de vaisseau, qui se sont laissés visiter par des corsaires colombiens. — Cette dame se confirma dans l'idée qu'elle avait adopté une conduite qu'aurait certainement approuvée son bienfaiteur. — Ces phrases que je vous avais mises sous les yeux, et que j'ai supprimées, je les avais extraites de la *Jérusalem délivrée*, poëme qui fait beaucoup d'honneur au Tasse. — On se demande pourquoi ces Turcs, qu'on a dits si braves, se sont laissés battre pendant quatre ans de suite par les Grecs, si faibles en comparaison. — Cette tragédie avait attiré deux fois plus de spectateurs au théâtre de l'Odéon, qu'elle n'en avait amené au Théâtre Français. — Je vous envoie ci-jointe la tragédie que nous avons vu jouer ensemble.

Je ne saurais vous dire combien de peines et de démarches nous a coûté cette affaire dont nous nous sommes chargés. — Madame de Pompadour s'était crue désignée dans le rôle de la courtisane Fulvie ; mais on lui persuada qu'elle s'était trompée. — Les usages et les coutumes que ce peuple avait introduits depuis longtemps, s'étaient conservés intacts. — Le dithyrambe et l'ode qu'a publiés ce jeune écrivain, annoncent un véritable talent. — Pourquoi blâmer les opinions que j'ai manifestées dans une circonstance où tout le monde les a professées comme moi ? — A vous en croire, les fables et les contes que j'ai insérés dans mon recueil ne sont pas écrits de la même main. — Le courage et l'énergie que nous avons déployés, nous ont beaucoup servi dans cette occasion. — Ce soldat romain avait tout perdu, son bouclier et sa lance exceptés. — Les honneurs et les richesses que j'ai ambitionnés, n'ont servi qu'à me rendre plus malheureux. — Les armes et les bâtons que nous avions pris dans votre voiture, nous furent enlevés. — Le père et la fille se sont rencontrés à vingt pas de la maison, et ils ne se sont pas parlé. — Les églises et les châteaux furent détruits à cette époque si funeste. — L'honneur et la conscience sont révoltés des débats et des querelles que leur secte impie a suscités. — Le verger et la prairie que tu as parcourus, ne m'appartiennent pas.—Que m'importent, à moi, les dons et les aumônes qu'il a faits, si son orgueil les a publiés partout? — Le commencement et la fin de cette période sont marqués par des événements désastreux. — Il avait obtenu les bontés de cette reine par les motifs et les considérations que j'ai exposés au commencement de mon ouvrage.

Les antichambres des ministres et leurs bureaux étaient toujours pleins de ces faiseurs de projets, véritables songe-creux. — Telle est la tâche que cet écrivain s'est imposée, et qu'il a remplie avec un soin et une patience que tout le monde a admirés. — Mon doute est fondé sur le peu d'importance que les puissances de l'Europe ont attaché à ce pays. — Après s'être conduite de la sorte, elle devint l'objet de la crainte et du mépris universels. — Le père et la mère ne s'étaient point aveuglés sur les défauts de leur fils. — Ses amis voulurent embrasser ses principes, chacun selon le genre et la forme qu'il avait adoptés. — Les mémoires et les harangues qu'il a écrits dans sa jeunesse, seront rendus publics après sa mort. — Elles ont fort bien répondu aux diverses interrogations que je leur ai faites sur le blason et sur la géographie, qu'elles avaient appris. — Quels caprices et quelles exigences vous avez soufferts dans ces deux enfants qu'on a trop longtemps laissés faire toutes leurs volontés!—Le mari et la femme sont restés cachés les quinze jours que cette émeute a duré. — Quels succès et quelles victoires avez-vous cru que remporteraient des troupes aussi peu aguerries? — Les obstacles et les difficultés que j'ai eus à vaincre, m'avaient paru presque insurmontables. — Ceux qui, en refusant aux malheureux l'appui et la protection qui leur sont demandés, se bornent à les plaindre, ont une fausse idée de ce que la vertu exige. — Nous avons fait dans cet ouvrage les changements et les suppressions qu'a nécessités un nouvel ordre de choses.

Mon fermier ne pourra pas se charger du soin des béliers et des chèvres que vous lui avez confiés. — Les couverts et la montre que j'ai envoyé prendre, vous avaient été remis par moi-même. — Combien de démarches et de projets n'a-t-il pas faits! Que d'injustices et d'outrages n'a-t-il pas essuyés! — On aurait dû éviter les combats et les escarmouches qui se sont livrés après la trêve dont on était convenu. — On dit qu'elles a obtenu tous les bienfaits et toutes les grâces qu'elle a voulus. — Que de chagrins et que de peines n'avons-nous pas éprouvés dans le cours de notre vie? — Les tours et les expressions que tu as employés, ont été l'objet d'une injuste critique. — On ne tarda pas à enfreindre les règlements et les ordonnances que le monarque avait promulgués. — Ils se sont vu enlever les emplois et les charges qu'il ont remplis avec honneur pendant plus de trente ans. — Les peuples n'ont regardé que les agréments et les vertus que le ciel a répandus sur cette grande princesse. — Ces enfants et leurs mères se sont souvent passés des secours et des aumônes qu'on a distribués dans le canton. — Vous recevrez ci-joints la mesure et l'échantillon que vous m'avez demandés. — On abandonna les cors et les trompettes, qu'on avait employés jusqu'à cette époque dans les funérailles. — Il nous semble qu'on aurait pu éviter les pourparlers et les contestations qu'on a eus sans motif, après la trêve qu'on avait faite. — Mon étonnement et mes alarmes se sont accrus au récit de pareilles aventures. — Cet homme à qui l'air du ciel et la lumière étaient destinés, respire à peine dans un humide cachot. Le désespoir

et la misère se sont emparés de sa famille abandonnée.
— Il ne perdit jamais le souvenir des avanies et des
affronts qu'on lui avait faits, et auxquels il avait été
souvent en butte. — Puissent les tourments de leur
conscience et les inquiétudes de leur esprit, qu'ils
ont allégués en ma faveur, se calmer comme mon res-
sentiment !

Quels conseils salutaires et quelles sages instructions
j'avais reçus! Ils sortaient du cœur le plus simple qui
fût jamais.—Le roi et la famille royale qu'on avait renfermés, ne se croyaient plus en sûreté au milieu des
Français. — Oui, ses malheurs et ses fautes que j'ai
toujours plaints, proviennent de son excès de confiance.
—Les emplois et les pensions que lui avait accordés le
monarque, lui furent retirés à l'instant même. — On
sait assez quels chagrins et quelles sollicitudes m'a causés cette nouvelle incartade que nous n'avions pas soupçonnée.—Puis-je entendre ici des injures de la même
bouche que j'ai entendue proférer des paroles très-gra-
cieuses?—Ces enfants étaient trop près de la rivière;
vous les avez laissés en quelque sorte s'y précipiter.—
Le peu de faveur qu'a généralement obtenu ce premier
ouvrage, n'est pas d'un bon augure pour le second. —
Nous désirons de ce jeune écrivain des extraits tels
qu'il en a déjà publié.— Telle nuée nous consolait par
des espérances flatteuses, qui s'est dissipée en va-
peurs. — Les communes s'étaient plaintes de quelques griefs, mais le roi les avait jugés de trop peu
d'importance. — L'opulence d'une cité de commerce
s'est changée en une pauvreté hideuse; les palais des
rois sont devenus le repaire des bêtes fauves. — Ah !
comment s'est éclipsée tant de gloire? Comment se
sont anéantis tant de travaux? — Une jeune Française
s'entretint avec milady sur quelques-unes des opinions

qu'elle avait laissées percer relativement à notre théâtre.

Ce médecin a tué plus de malades qu'il n'en a guéri, tant est faible l'instruction qu'il a acquise, même dans les hôpitaux ! — Manlius se découvrit la poitrine, qu'il fit voir toute couverte des cicatrices que lui avaient laissées les blessures qu'il avait reçues. — Dieu nous a tirés du néant, il a pu nous imposer telle loi qu'il a voulu. — Dans cet endroit, il s'agit uniquement des matières qu'ont traitées les poëtes, et non de la manière dont ils les ont traitées. — Cette édition me paraît une des plus mauvaises que vous ayez encore achetées.—Le plus ou le moins d'amis que vous vous êtes faits nous importe fort peu. — Je n'ai pas joui de la félicité que j'avais rêvée si longtemps. — Ils vont se réfugier sous les ruines de ces tours orgueilleuses que j'ai vues s'élever fièrement, dominer les campagnes pendant plusieurs siècles, et s'écrouler ensuite. — Ma fille, que j'ai menée voir les tableaux qu'on a exposés au Louvre, m'a paru enchantée; elle ne s'est pas lassée de les admirer pendant cinq heures et demie qu'elle a passées dans la galerie.—Quelques-uns, par complaisance ou par curiosité, s'étant laissé traiter, leur exemple en entraîna d'autres, et bientôt tous consentirent à guérir.—Il a été accusé devant un tribunal laïque pour des doctrines religieuses que ce tribunal n'a pas jugées de sa compétence.—Ces dames ont répondu fort juste à toutes les questions que leur ont adressées des examinateurs sévères. — Tant d'audace ne pouvait rester impunie. — Dix officiers romains qu'Annibal avait laissés sortir sur leur parole, arrivèrent à Rome.— La vigne s'est toujours plu sur ce coteau où je l'ai laissée croître. — Les affaires que j'ai jugé qu'il convenait de terminer, ne pouvaient rester longtemps en suspens.

On voit dans l'histoire de la Chine, qu'elle a eu vingt-deux dynasties qui se sont succédé, c'est-à-dire que vingt-deux révolutions générales se sont opérées dans cet empire. — Jamais Boileau ni Racine ne se sont avisés d'écrire contre l'harmonie des vers. — Les matières que j'ai eues à traiter m'ont donné beaucoup de peine. — Entraîné par leurs divins accents, je me jette sous ces ombrages délicieux que des poëtes immortels ont rendus vénérables.—Ma sœur s'était assurée qu'il ne pouvait prolonger une existence qui lui était devenue à charge.—Je veux vous céder la portion d'immeubles que j'ai acquise.—Comptez la succession des années qui se sont écoulées depuis cette époque mémorable.— Cette pesanteur d'estomac provient du trop de fruits qu'elle a mangés. — Braves habitants de Toulouse, c'est vous que nous nous sommes proposés pour modèles, quand nous nous sommes dévoués au meilleur des rois. Vous jouissez de l'estime de nos princes, que vous ont valu vos nombreux services, et votre courage pour défendre la cause que vous avez embrassée. — Ils s'étaient faussement persuadé qu'on n'oserait les contredire.—Pour quelques braves gens, combien en avez-vous trouvé de méchants et de perfides!—Que sont devenues les personnes que vous auriez voulu, madame, tenir constamment auprès de vous?—Nous nous sommes vus dépouiller par les brigands qu'on avait armés contre nous. —La colonie posséda bientôt autant de villes qu'elle en avait eu dans le Péloponnèse. —Autant de folies vous avez faites à votre âge, autant de ridicules vous vous êtes donnés.

Le peu de vaisseaux que le cardinal Mazarin avait laissés pourrir dans les ports, furent réparés. — Messieurs, vous vouliez punir les insultes qu'on nous a faites loin de vous, et l'on nous en a fait sous vos yeux de plus réelles. — Elle s'est bien donné de garde de vous troubler dans vos occupations, parce qu'elle sait combien sont précieuses les heures qui vous sont données. — Sa vertu était aussi pure qu'on l'avait cru jusqu'à ce moment. — Cette jeune servante est coupable ; depuis longtemps je l'avais soupçonnée.—Je vous remets ci-incluse votre pétition qui n'a pas servi.—Un acteur ne rend qu'imparfaitement les pensées de Racine, quand il les dépouille des ornements dont ce poëte admirable les a enrichies.—Le ridicule des femmes savantes n'est pas tout à fait poussé à bout ; il y a d'autres ridicules plus naturels dans ces femmes, que Molière a laissés échapper. — Les demi-mesures qu'on a prises dans ces circonstances ne produiront pas les heureux résultats qu'on avait espéré obtenir. — Vous êtes bien digne de l'estime que le ministre paraît vous avoir accordée ; vous vous l'êtes conciliée par les services importants que vous avez rendus à la chose publique.— Si cet ouvrage atteint le but que j'ai désiré, je ne regretterai pas les peines qu'il m'a coûté. — L'ennemi nous a toujours rompu en visière, lorsque nous nous sommes avancés pour le combattre ; il nous a toujours harcelés quand nos troupes se sont mises à sa poursuite. —Il serait difficile de décider si la forme s'est rendue plus pernicieuse lorsqu'elle est entrée dans la jurisprudence, ou lorsqu'elle s'est logée dans la médecine ; si elle a fait plus de ravages sous la robe d'un jurisconsulte, que sous le large chapeau d'un médecin ; et si, dans l'une, elle a ruiné plus de gens qu'elle n'en a tué dans l'autre.

On aurait dit que la fortune, en dépit de l'indifférence du monarque, s'était plu à lui donner à la fois des ennemis puissants et de vaillants défenseurs.—On doit s'étonner qu'il s'attachât à un jeune fou qui apprenvait toutes les folies qu'on lui avait conseillées. — J'ignore pour quelle raison les Étoliens s'étaient imaginé qu'ils domineraient dans la Grèce que ses nombreux succès avaient rendue si puissante. — Hélas! je l'ai parcourue, cette terre ravagée. Pourquoi ces temples se sont-ils écroulés? pourquoi tant de villes se sont-elles détruites? Pourquoi cette ancienne population ne s'est-elle pas reproduite et perpétuée? — Ces sommes ne paraîtraient-elles pas exagérées, si M. L*** ne nous assurait pas qu'il les a vues payer d'avance, pendant six ans, par une compagnie de fermiers généraux? — La bonne foi ne s'est réservé que quelques affaires de peu d'importance, tandis que l'artifice et la fraude se sont retirés dans les contrats.—Des juges de cette espèce ressemblent à ces monstrueuses divinités que la Fable avait inventées, et qui faisaient rentrer le monde dans tous les déréglements qu'elle en avaient bannis.—Cette jeune femme ne s'était pas assez défiée des personnes qu'elle avait reçues chez elle.—Je vois bien que madame a entendu plus de sermons qu'elle n'en a lu. — Ils se sont pardonné bien des fautes qui n'avaient pas d'excuse légitime.

Avez-vous lu les discours d'Isocrate en faveur de cette nation infortunée que l'aristocratie thébaine avait opprimée, bannie, et qui, sans le secours d'Athènes, après avoir sauvé la Grèce, se serait vue entièrement détruite par les Grecs? — Quelle qu'ait été notre éducation, nous devons regretter, tous tant que nous sommes, de n'avoir pas consacré à de pareilles études tant de jours que chacun de nous a passés au collége.— Vous n'avez pas oublié sans doute les soins que vous m'avez coûté depuis votre enfance. — Mandez-lui que la cour vous a accordé (et sans que vous l'ayez demandé) une pension de douze cents francs. —On sait que

Henri de Navare et Henri de Condé s'étaient faits catholiques. — Ces consonnes et ces voyelles douces que nous avons remarquées, prêtaient je ne sais quelle harmonie à la langue qu'ils ont longtemps parlée. — Telles sont les conditions onéreuses des contrats que vous avez souscrits.—Ils se sont passé cette lettre pour en reconnaître l'écriture, mais aucun d'eux ne l'a reconnue.—Autant de fautes vous avez commises dans votre devoir, autant de preuves d'ignorance vous avez données. — Je puis opposer actuellement une réponse à une remarque que j'ai entendue faire assez souvent par des hommes de bonne foi. — J'ai brûlé les acacias et les aubépines que j'ai fait abattre dans la forêt que j'ai achetée.—Vainement ils cherchaient des remèdes aux déréglements de leurs mœurs, comme nous en avons cherché. — Votre mère s'était flattée de vous ramener dans la bonne voie ; vous avez trompé les douces espérances qu'elle avait conçues. — Quand elle s'est vu enlever ses enfants, cette femme a jeté un cri de désespoir ; on l'a crue morte, elle n'était qu'évanouie. — Nous les aurions laissés passer tranquillement leurs vacances à la campagne où ils se seraient divertis.

Les froids qu'il a fait cette année en France, étaient à peine supportables.—Autant j'ai obligé de personnes, autant j'ai fait d'ingrats. — Elle prétend que vous lui devez ce bon office ; elle s'en est même vantée assez publiquement. — Je suis fâché de les avoir fait attendre aussi longtemps ; mais on nous a retenus malgré nous au château.—Je veux m'attacher à faire voir que l'article dont il s'agit a beaucoup plus d'importance que ne lui en a donné le préopinant. — Nous sommes heureux, vous de m'avoir procuré l'occasion de vous faire du bien, et moi de ne l'avoir pas laissée échapper. — Trop souvent l'ignorance s'est applaudie dans sa malignité.—Aimez toujours vos parents: souvenez-vous de la peine qu'ils ont eue à vous quitter. — Ces jeunes gens ont fort bien répondu à toutes les questions qu'ils s'étaient proposé de résoudre. — Les papiers et les notes que j'aurais eus à examiner avec attention, m'auraient détourné de mes occupations principales. —Les secours que ces dames se sont empressées de me prodiguer, m'ont sauvé la vie.—Cette parole indiscrète, vous l'avez proférée, mon ami, sans y songer. — J'ai pu méconnaître la raison, mais je ne l'ai point rejetée après l'avoir connue. — Démosthène estimait le grand art de l'action en raison des efforts qu'il lui avait coûté. —Je trahirais ma patrie, moi qui l'ai su défendre! — Ce jeune homme a bien raison de regretter les dix années qu'il a servi pour accroître la domination d'un seul homme, domination qui nous a rendus malheureux tous tant que nous sommes.—Paul, s'étant rendu par hasard dans ce lieu, fut rempli de joie en voyant ce grand arbre sorti d'une petite graine qu'il avait vue planter par Virginie.

Je ne puis vous dire combien d'ingrats j'ai faits, combien de chagrins cuisants m'a causés leur noire ingratitude. — La France s'était vu enlever de force plusieurs villes qui s'étaient volontairement rendues à elle.—Ce sont de vaines espérances qu'ils ont cru, mais bien à tort, devoir se réaliser.—Selon les lois éternelles de la Providence, quelles modifications un tel assemblage de malheurs aura-t-il produites sur le caractère de cette infortunée! — Cette histoire est la même que j'ai plusieurs fois entendue raconter par votre sœur. — Cette femme n'est pas méchante comme on l'avait cru.—Que d'orge ont mangé ces chevaux! Il faut qu'on les ait laissés jeûner pendant plusieurs jours.—Moins de jeunes gens il aura fréquentés, moins d'occasions il

aura eues de perdre le temp le plus précieux de la vie.
—Cité devant un concile, il protesta qu'il n'était pas
l'auteur des propos qu'on avait débités contre la reine,
mais qu'il les avait entendus tenir par d'autres personnes.—Ces accusés se sont tus quand on les a inter-
rogés; ils ont craint sans doute de se compromettre.
—Quand j'ai connu les sociétés du jour, je les ai fuies
pour me trouver avec moi-même.—Dans cette situation
qu'il n'avait pas prévu devoir se prolonger, les subsides même qu'on lui accorda ne purent lui suffire. —
L'homme chargé d'années peut se rendre justement
méprisable, s'il les a laissées s'écouler sans devenir
meilleur.—Je ne saurais vous dire tous les efforts que
nous a coûté ce pénible travail.—Rien n'aurait trans-
piré, pas même les félicitations que lui ont valu son
zèle à poursuivre les ennemis de l'État et son habileté
à les peindre.

Que tous ceux qui s'étaient laissés aller à ces belles
chimères, lisent et relisent les lettres que nous avons
jugé devoir publier. — Ces deux auteurs se sont
nui en voulant parcourir la même carrière. — Je
les avais persuadés de la nécessité qu'il y avait pour
eux de se livrer à un genre d'occupation qui ne fût
pas le même. — Vous m'opposez vos succès écla-
tants et ceux que vous m'avez valu; je vous oppose la
nécessité de rendre la déclamation tragique avec simplicité. — Cette jeune personne s'est toujours plu à me
contredire, quoique je l'aie toujours traitée avec bienveillance. — Que de rois différents les uns des autres
se sont succédé sur le trône d'Angleterre! — Le peu
de troupes qu'il avait rassemblées, tinrent ferme dans
le poste où le commandant les avait placées. — Ces
deux jeunes personnes qu'on avait cherché à désunir,
se sont souri en se revoyant après quelques jours d'ab-

sence. — La quantité d'hommes que j'ai vus était si grande, qu'elle remplissait tous les chemins. — S'il a échoué dans son entreprise, il n'en doit accuser que le trop de prétentions qu'il a montrées. — Ne pas écrire selon les lois de l'orthographe, c'est annoncer le peu d'éducation qu'on a reçu. — Ignorez-vous combien de circonspection il a mise dans cette entrevue dangereuse? — Mes enfants, vous vous êtes trop longtemps ri de nos menaces; il ne pouvait se faire qu'elles fussent toujours vaines. — Tout ce que nous pouvons dire des sauvages de ces îles, c'est que le peu que nous en avons vu, nous a paru mener une vie bien misérable.

Nous nous sommes parlé plus de deux heures avant de pouvoir nous entendre sur ce chapitre. — Le peu d'instruction qu'il a reçu le fait tomber dans mille erreurs. — Ils se sont passé des livres qu'ils n'auraient jamais dû lire et dont ils s'étaient bien passés jusqu'à ce jour. — Il m'a répété autant de belles promesses qu'il vous en a fait à vous-même. — Ne me dites rien de ces sortes de gens; plus j'en ai connu, moins j'en ai estimé. — Trois années de campagne fournissent plus de grands effets, plus de traits héroïques qu'un siècle entier n'en avait produit. — La Hollande s'était vu enlever plusieurs de ses colonies, avant qu'elle se fût mise en état de défense. — Messieurs, je vous félicite d'avoir apporté à ce nouveau travail plus de soins que vous n'en aviez apporté au premier. — Il lui a été permis de mettre à cette renonciation la condition qu'elle a voulu. — La paix se fit comme nous l'avions annoncé. — Je ne saurais vous dire combien d'éloges nous a valu cette notice intéressante que nous avons mise au jour, quoiqu'elle ne soit pas aussi étendue qu'on l'avait espéré. — Pour être sûr de la vérité, il faut l'avoir entendu annoncer d'une manière claire et positive. — Nos pères se seraient-ils laissé

assommer comme des victimes? Non sans doute, quoiqu'ils se soient laissés gouverner par des ministres peu
dignes de leur confiance.—Le peu de besogne que tu as
fait abrége celle qui te reste à faire.—Cet homme nous
a fidèlement servis dans toutes les occasions; il nous a
servi à recouvrer les biens qui nous étaient échappés.
—Les treize mille francs que cette maison s'est vendue,
je les ai payés comptant.

La félicité que nous avons rêvée au sein de la solitude a dissipé un instant nos chagrins. — Les jours
qu'il a vécu en prison, lui ont paru des siècles. —
Moins de sociétés il a vues, moins d'heures précieuses
il a perdues au sein de l'oisiveté.—On sait que ce magistrat intègre a bien employé le peu d'années qu'il a
vécu. — Je n'ai dormi que trois heures, mais je les ai
dormi de suite. — Ma fille est encore malade; la fièvre l'a prise ce matin comme on l'avait prédit. — La
somme qu'on a payé ce terrain, nous a paru exorbi-
tante. — L'humidité qu'il a fait cet hiver, a dû causer
de grandes maladies. — Quelles que soient les injures
que m'a valu cette courageuse défense, je me reproche-
rais d'avoir agi autrement. — C'est moins son orgueil
que sa paresse, que j'ai blâmé et que j'ai voulu faire
connaître. — Ton peu de valeur est connu, c'est pourquoi ne prétends pas nous effrayer.—Les cinq heures
que j'ai travaillé dans cette bibliothèque, je les ai employées utilement.—Il nous a laissés voir tout ce qu'il
y a de plus curieux dans ce palais.—Ces femmes, après
s'être injuriées, se sont jeté des pierres; et, lorsqu'on
les a eues condamnées, elles se sont encore menacées.
— Ils ne pardonnèrent ni à la naissance, parce qu'on
les avait vus sortir de la boue; ni aux richesses, parce
qu'ils les avaient longtemps enviées; ni aux talents,
parce que la nature les leur avait tous refusés; ni à

l'instruction, parce qu'ils n'en avaient pas reçu eux-mêmes; ni à la vertu, parce qu'ils s'étaient toujours laissé corrompre.—Ils accumulèrent en France plus de ruines qu'une armée de Tartares n'en avait laissé en Europe pendant dix années d'invasion. — Ces deux jeunes gens se sont fait aimer de tous ceux qui les ont connus, parce qu'ils se sont toujours proposé de suivre l'exemple de leur vertueux père.—Le peu d'expérience qu'il a acquis lui sera du moins fort utile dans la profession qu'il a embrassée.

Cette jeune personne avait été emmenée par un seigneur anglais qui l'avait conduite à Londres, et bientôt abandonnée. Revenue en France, elle a été soupçonnée d'un vol; mais l'avocat qui l'a défendue, a rendu nulle l'accusation qu'on avait vue peser sur elle. — On fit connaître quelles étaient les restrictions qu'on avait jugé nécessaire de mettre au pouvoir immense du régent. — On m'a compté les cinquante livres que ce ballot a pesé. — L'exil a dévoré dix années de son existence, qu'il aurait vécu au sein de sa famille. — Ce prince fonda beaucoup plus de villes que les autres conquérants n'en ont détruit. — Les matinées que j'ai dormi à la ville ont été troublées par le bruit des voitures. — Exprimons avec noblesse et simplicité le petit nombre de vérités que nos devanciers nous ont laissées à découvrir. — Ce volume méritait peut-être plus d'étendue que l'auteur ne lui en a donné. — Quelle que soit la fidélité des dépositaires, les fidéicommis ont de fâcheuses conséquences qu'on n'a pas toujours prévues. — Les deux lieues que nous avons couru, ne nous ont semblé plus longues, que parce que nous étions déjà fatigués. — Les habitudes qu'on vous a laissé prendre, mon enfant, tourneront à votre préjudice. — Cette question n'était pas aussi

difficile à résoudre que je l'avais présumé. — Cet
homme nous a menacés en s'éloignant; mais baste!
nous nous sommes ri des vaines menaces qu'il nous a
faites. — Ces malheureux commis se sont vu enlever
les emplois et les charges qu'ils avaient occupés pendant vingt-cinq ans.

Le roi refusa audience à un légat, comme le pape
l'avait refusé à un de ses ambassadeurs. — Le produit
net de la victoire n'était pas proportionné aux efforts
qu'elle avait coûté. — Mes amis, le trop de confiance
que vous avez eu en vous-mêmes devait nécessaire-
ment vous faire tort. — La tyrannie de Charles Ier fut,
sinon la plus cruelle, du moins la plus inique qu'eût
jamais soufferte l'Angleterre. — Quels froids nous avons
ressentis l'hiver dernier! Quelles chaleurs il a fait cet
été! Quoi qu'il en soit, la France est un des pays que
la nature a le plus favorisés, un de ceux où se sont plu
particulièrement les étrangers qui quittaient leurs
froides régions pour vivre sous un climat plus tempéré.
— Mes chers enfants, les vices qu'on vous a laissés
contracter, feront le tourment de votre vie. — Les
gelées qu'il y a eu au printemps, et les pluies considérables qu'il a fait, ont dû retarder la végétation. — Nous
vous adressons ci-incluse une nouvelle carte de la Tur-
quie. — Les personnes que j'ai entendues raconter
cette histoire, ne méritent pas toute confiance. — On
vend bien peu d'almanachs, passé l'époque du jour de
l'an. — La foire une fois passée, nous ne recevrons
plus personne à la campagne où nous nous sommes
retirés. — Les larmes que vous nous avez vus répandre, ont leur source dans les injustices que vous avez
vu exercer contre nous. — Ma mère s'est bien donné
de garde de contrarier vos projets qu'elle a bien pressenti que vous abandonneriez.

Nous avons reçu ci-incluse l'autorisation de partir, que nous avions demandée au ministre. — Les cruches qu'on a fait acheter pour ces enfants, et que nous les aurions imprudemment laissés remplir d'eau, nous auraient causé de l'humidité. — Toutes les années que vous avez croupi dans une honteuse oisiveté, ont été perdues pour vous.—C'était une question bien grave, que je les aurais entendus discuter si j'avais pu assister à leur réunion. — Mes filles que j'ai laissées examiner les divers chefs-d'œuvre que nous avons rapportés des pays étrangers, se sont plu à les décrire. — Madame, les modes que nous vous avons vue adopter cette année, n'auront plus cours l'année prochaine.— Les journaux auxquels on vous abonnera, vous seront tous envoyés francs de port à la campagne. — Vous recevrez franche de port la bourriche que nous vous adressons par le courrier de la malle. — Nous vous envoyons franche de port la clef que vous avez oubliée au château. — Faites-moi passer francs de port quelques romans parmi les moins mauvais qui existent. — Le ministre vous adressera franche de port l'ampliation des pouvoirs qu'il vous a donnés pour agir. — Les plumes que vous cherchez sont ci-incluses; elles sont arrivées franches de port avec vos papiers. — Je vous envoie franche de port cette lettre qu'on m'a remise ici pour vous. — Mon père nous a adressé francs de port l'atlas et la sphère que nous avions oubliés. — Je leur enverrai francs de port tous les mémoires historiques qu'on me remettra.—Vos meubles vous parviendront francs de port jusqu'à Boulogne, où je m'embarquerai avec vous.

Sir Samuel Romilly et M. Mackintosh ne se sont laissés rebuter par aucun obstacle pour améliorer la législation criminelle de leur pays. — Ce qui a le plus

contribué aux succès qu'a obtenus cette nation paisible,
c'est le peu de troupes qu'on a envoyées contre elle.—
Vos fils se sont toujours moqué des excellents conseils
que chacun a cru devoir leur donner ; ils subissent aujourd'hui la peine de la résistance qu'ils nous ont toujours opposée.—Elle s'est laissé prendre au piége que
lui tendait la malveillance ; son excès de confiance l'a
toujours perdue.—Ce remède n'a été mis en usage par
les magistrats, que quand ils se sont crus dans l'impuissance de prononcer d'après la loi. — N'auraient-
ils pas dû condamner des gens qui se sont faits forts
d'outrager l'humanité souffrante ? — Les honnêtes
gens se sont toujours complu à faire respecter les lois,
quelle que fût leur opinion relativement à elles. — Ils
s'étaient imaginé qu'il ne naissait des soldats qu'en
France. — Je ne saurais dire combien de veilles longues et pénibles m'a coûté telle ou telle observation
que j'ai renfermée en deux ou trois lignes. — Il faut
qu'ils me chantent certaine scène de petite comédie
que je les ai vus essayer. — Ces jeunes gens s'en sont
bien donné à la campagne où ils se sont exercés à la
chasse et à la pêche ; ils se sont bien donné de garde
d'y remplir le moindre devoir.

Ce n'est qu'après dix années de souffrances et de
vexations, que les illusions se sont dissipées ; alors la
longanimité s'est lassée, et des plaintes se sont élevées,
qu'on n'a pas accueillies. — Le peu de reconnaissance
qu'il m'a témoigné, a suffi pour lui faire recouvrer mon
amitié.—La somme qu'on a payé ce turbot, est considérable.—Les huit jours que je suis resté à la campagne, m'ont paru bien agréables. — Il a acheté vingt
mille francs cette maison ; elle les avait coûté à mon
cher oncle. —Vous connaissez ces faits, puisque vous
les avez entendus justifier par plusieurs de vos mem-

bres. — J'ai payé les trente mille francs que vous avez estimé cette métairie. — J'ai lu quelque part que Voltaire et Rousseau ne se sont pas plus aimés que les Bossuet et les Fénelon ; les deux premiers, ne s'étant jamais pardonné leurs torts réciproques, se sont beaucoup nui dans l'opinion publique. — A Athènes on ne négligeait pas la musique ; on la regardait comme tellement essentielle à l'éducation, qu'un homme paraissait n'en avoir pas reçu lorsqu'il ne l'avait pas apprise.

SUBSTANTIFS

Dont il importe de bien connaître le genre, pour déterminer leur accord avec l'Adjectif ou le Participe qui les accompagne.

J'accepte volontiers, monsieur, l'offre que vous m'avez faite de votre bourse. Ces gens-là prêtent à grosse usure : aussi sont-ils fort riches. Mademoiselle, on va vous payer l'ouvrage que vous avez fait. Ils ne tardèrent pas à renverser l'idole qu'ils avaient encensée. On peut imprimer le cachet sur l'argile, tant qu'elle conserve son humidité. Il faudrait qu'on retirât les échoppes qu'on a placées dans ce passage. On parle d'un armistice conclu entre la France et l'Autriche. Vous écririez mieux, si vous suiviez mieux l'exemple que vous a faite votre maître. Je me suis arrêté dans cette auberge que vous avez rencontrée à vingt pas de la forêt. Cet article que vous prenez, est beaucoup moins cher que cet autre. J'ai acheté une belle écritoire, et l'ai emportée à la campagne. Quelle union vous m'avez proposée là ! aussi ne l'ai-je point acceptée. Cet hôtel est assurément un des plus beaux que j'aie jamais vus. Pourquoi m'apportez-vous cette vieille oie ? je ne l'ai pas demandée. L'urne que j'ai placée dans mon jardin, renferme les cendres de mon père. J'ai un oratoire bien joli ; c'est là que, tous les matins, je fais ma prière. Les épisodes de cet ouvrage me paraissent trop courts et mal amenés. Je vous assure que cette pièce est de bon aloi. Mânes chéris de mon père, recevez mes touchants adieux.

Vous n'avez personne au monde, qui vous soit plus

attaché que moi. Bien qu'il fût très-riche, il ne donna pas même un centime aux pauvres. Quand les obsèques eurent été faites, chacun s'en retourna chez soi. Une hydre cruelle fut terrassée par le vaillant Hercule. Cet idiome qui vous déplaît, a été formé d'une ancienne langue que vous avez étudiée avec plaisir. Rien n'est plus ridicule que cette disparate de grandes phrases et de petites conceptions. Quels charmes trouvez-vous à la campagne, quand les frimas et les neiges sont arrivés? Leurs ongles n'étaient jamais coupés, et leur barbe tombait sur leur poitrine. Ce grand concours de monde autour du palais du roi, était un fort indice du mécontentement général. Cet axiome est connu dans tous les pays civilisés. Quand l'exercice sera fait, et que les troupes seront parties, nous nous rendrons chez le ministre. Les légumes sont bien meilleurs, quand la terre qui les a produits a été souvent arrosée. On sait qu'un bel exorde a coutume de disposer l'auditoire à la bienveillance. Un soldat macédonien offrit à Alexandre le Grand son outre qui était remplie d'une eau qu'il avait puisée dans un lac. Quand il fut placé sur un monticule, il harangua le peuple charmé de l'entendre. Vous avez cru que votre éventail était perdu; je vais, madame, vous le remettre. Pallas, armée de sa brillante égide, semblait animer de ses regards ce peuple de guerriers. L'espace que nous avons parcouru, m'a semblé assez grand pour contenir les troupes que l'on a envoyé chercher. Quand vous avez appris quelque chose d'agréable, jamais vous ne le communiquez à qui que ce soit.

L'outrage que vous avez fait à ma fille, était cruel! cependant elle l'a dévoré en silence. Ces hymnes qu'on avait faits pendant la révolution, avaient pris la place des hymnes admirables que Santeul a produites. Quel délice pour moi, que de vivre loin du fracas des cités tumultueuses! La mollesse repose au fond d'une alcôve obscure, autour de laquelle voltigent les songes, enfants de la nuit. Ces nouveaux dialectes se répandirent en Europe, où ils furent adoptés aussitôt qu'on les eut connus. Il faut que vous ayez l'ouïe bien dure, puisque vous n'avez pas entendu les méchants propos qu'on a tenus sur votre compte. Il a fait, cette nuit, des éclairs affreux qui se sont prolongés jusqu'à huit heures du matin. Entrons dans cette auberge qui jouit d'une meilleure réputation que celle que vous avez choisie. Nous louâmes un remise fort élégant pour aller au bois de Boulogne où l'on nous avait attendus sans nous en prévenir. J'ignore pour quelle raison ces immondices dégoûtantes n'ont pas encore été enlevées, et transportées dans l'égout qui doit les recevoir. Dans une courte période de vingt années, la France, l'Italie et l'Allemagne ont fait une terrible expérience de cette triste vérité. S'il n'avait pas eu d'autre engagement, l'offre de ma main l'aurait-elle autant effrayé? Il met en pièces l'idole, et la trouve remplie d'or. On vit ce prétendu martyr de la liberté partager la même apothéose que son collègue Mirabeau, dont on avait déposé les cendres au Panthéon. Dans quel profond abîme ne serions-nous pas plongés, si un pareil malheur nous arrivait! Je vous pardonne l'insulte que vous m'avez faite, persuadé qu'elle est involontaire. Cléopâtre périt de la morsure d'un aspic qui lui fut apporté lorsqu'elle voulut se donner la mort.

L'ère vulgaire a remplacé l'ère républicaine que nous avions introduite en France. Nous admirâmes dans cette église le superbe orgue qu'on y avait placé. Tous les exemplaires qui ne sont pas revêtus de son paraphe, doivent être regardés comme contrefaits.

Voici un bel if; mais il aurait fallu le tailler au commencement de l'hiver. L'énigme qui fut proposée par le sphinx, n'était pas aisée à deviner, Cette avant-scène était déjà construite, lorsqu'on décida qu'il n'y en aurait point. Vous serez, ma nièce, l'éternel opprobre de ceux qui vous ont donné le jour. Cet astronome nous avait annoncé une éclipse totale; elle ne fut que partielle. Ces demoiselles, étant d'un âge mûr, doivent savoir ce qu'il leur importe de faire pour réussir. Cette abbaye que vous avez vue, a été détruite par des scélérats qui ne vivaient que de rapine. Les pleurs qu'il a versés aujourd'hui n'ont pu me faire oublier ceux qu'il a répandus dans une autre occasion. L'éloge que vous avez fait de sa personne, a été entendu avec plaisir. De quelque côté qu'il tourne ses pas, partout il existe une terre aride et desséchée, une atmosphère brûlante et un horizon immense. La couleur blanche paraît avoir été de tout temps l'emblème touchant de la candeur et de l'ingénuité. L'automne dernier a donné naissance à une multitude de maladies que l'hiver a chassées. Cet eucologe est fort beau; où l'a-t-on imprimé? Vous conviendrez que votre ouvrage est surchargé d'accessoires tout à fait insignifiants et absolument détachés de l'action principale. Je n'ai jamais vu d'aussi belles orgues que celles-ci. Quelles gens que ces avares qui passent leur vie à compter les écus qu'ils ont entassés dans leur coffre-fort!

Il nous faut placer cet astérisque au bas de la page, afin que le lecteur le voie où il doit être. J'ai dû briser les entraves que vous avez mises à toutes mes opérations. Un ivoire poli, dit le poëte, revêtait le dôme du palais du Soleil. Les personnes qui affectent de paraître gens de bien, pourront en imposer à la multitude; mais elles ne pourront jamais inspirer à qui que ce soit

Corrigé. Cacographie.

8

l'amour de la vertu. On trouve dans ce pays de fort bons anchois qu'on ne rencontre pas ailleurs. Les vieilles gens sont presque toujours ennuyeux; cependant il est des vieillards bien aimables. Cette seule parole lâchée au hasard donna lieu à un esclandre bien fâcheux pour lui. L'autruche a toujours été regardée comme le symbole des mauvaises mères, à cause de l'insouciance qu'elle témoigne à l'égard de ses œufs. Comment les pétales charmants qui font la beauté de la rose, peuvent-ils faire regarder cette fleur comme un monstre? Cet uniforme, qui est très-élégant, vaut mieux que celui qu'on vous a proposé. J'ai éprouvé une cruelle onglée en revenant, ce matin, de la campagne. On ne doit pas se permettre une équivoque qui puisse alarmer la pudeur. Quoiqu'ils soient issus du même père, il existe entre leurs caractères une disparate étonnante qui fait craindre qu'ils ne puissent jamais se supporter. Voyez combien cet écureuil est joli, avec quelle agilité il court de branche en branche. Combien est grand le pouvoir de l'éloquence, puisqu'un orateur habile parvient quelquefois à gagner un auditoire prévenu, et, pour ainsi dire, conjuré contre lui! En proie à des douleurs poignantes, couvert d'ulcères contagieux, il est mort en horreur à lui-même et à tous ceux qui le servaient. Ils paraissent n'avoir jamais connu les douceurs de l'amitié, ceux qui l'ont définie un échange mutuel de services.

Quel plaisir pour cette femme, que de songer qu'elle allait, seule, semblable à la salamandre, rester de glace au milieu de l'incendie! Je veux mourir, si j'entends rien à de pareilles énigmes! Je n'ai pas le talent de deviner ce qui n'est pas clair. Ce stade n'était ni long ni difficile à parcourir. Cette route a la figure, non pas d'un cercle, mais d'une ellipse ou d'un ovale peu al-

longé. Quel mérite trouvez-vous à cet ouvrage? On
n'y rencontre, selon moi, que des idées fausses et des
antithèses outrées qui ne peuvent séduire que des personnes d'un goût peu sûr. Il y a des œufs dont la glaire
manque d'une enveloppe calcaire, et n'est recouverte
que d'une membrane assez forte, qui entoure immédiatement ce liquide. La victime fut amenée au pied
d'un autel paré de fleurs, et y fut égorgée par la main
du grand prêtre. Cette optique me paraît fort bonne,
et sans doute elle serait telle aux yeux de tous les con-
naisseurs. Ils s'avancent à la faveur de l'obscurité; les
sentinelles endormies sont massacrées les premières; et
bientôt ils sont maîtres du camp ennemi. Les femmes,
en général, paraissent avoir les fibres plus délicates et
plus déliées que les hommes. L'avare éprouve une per-
pétuelle insomnie, parce qu'il craint toujours qu'on ne
lui enlève ses richesses. Le buis est préférable, sous
beaucoup de rapports, à l'ébène même le plus artiste-
ment travaillée. L'étable que vous avez choisie, ne
me paraît pas saine; il faudrait en louer une autre.
Cet emplâtre n'est pas assez grand pour couvrir la
plaie; il faudrait en faire un plus large sur-le-champ.
J'ai les organes assez forts, me disait une dame, pour
ne pas redouter la violence des odeurs. Donnez-moi
un échantillon de cette nouvelle étoffe, je le montrerai
à plusieurs demoiselles de ma connaissance.

Quand Virgile a dit que le cheval des Grecs était
grand comme une montagne, il s'est servi d'une hy-
perbole assez commune chez les poëtes. On devrait
combler cet abreuvoir qui est rempli d'immondices,
et qui exhale une odeur méphitique. Cet hémistiche
est fort dur, et n'ajoute rien, ce me semble, à l'idée
de l'auteur. Les artères, partagées en mille ramifica-
tions, distribuent une grande partie du sang au corps.

L'intervalle que vous avez mis entre le départ et l'arrivée, m'a fait craindre, madame, que vous ne fussiez tombée malade. On remarque dans ce tableau un grand nombre d'automates qui semblent doués du mouvement et de la vie. L'épitaphe qui fut trouvée à sa mort et placée sur sa tombe, était si mauvaise, qu'on a reconnu aisément qu'il en était l'auteur. Tout le monde admirait le majestueux obélisque qu'on avait élevé sur l'ancienne place du Caire. L'esquisse que vous avez faite prouve que vous n'avez pas entièrement perdu votre temps. Autrefois les esclaves avaient l'espoir de se racheter avec le pécule qu'ils avaient amassé à la sueur de leur front; il n'en est plus de même aujourd'hui. L'écrin que votre mère nous a donné, est garni de nacre ciselée avec beaucoup de goût. Son industrie aurait pu, dans cette occasion, le tirer d'affaire; mais il était dépourvu des ustensiles même les plus communs, de ceux que chacun a ordinairement sous la main. Il serait à propos de faire une nouvelle enquête pour découvrir les auteurs du délit qu'on a dénoncé au magistrat de sûreté. Cet ermite se plaît à entretenir ses douces rêveries, assis à l'ombre des charmantes aubépines qu'il a taillées de ses propres mains. Le propos que vous tenez là est l'effet d'un sot et ridicule orgueil, que vous n'avez pas réprimé lorsqu'il était temps de le faire.

L'inceste commis par l'infortuné roi de Thèbes attira la colère des dieux non-seulement sur lui, mais encore sur sa patrie. La Fontaine a prouvé par un apologue agréablement écrit, qu'il ne faut pas se lier avec un plus puissant que soi. Les vivres sont bien moins chers à la campagne qu'à Paris ou dans toute autre grande ville. Quand l'inventaire fut fait, nous procédâmes au partage des biens de la succession qui nous était échue. L'entresol est beaucoup trop bas, je ne peux y placer les grands meubles que j'ai achetés. L'office paraît toujours trop long aux personnes qui ne sont pas remplies de l'amour divin. Quand je suis enrhumé, j'ai coutume de prendre de la réglisse avec une légère infusion de bourrache. On lit, dans plusieurs vieux recueils, de jolis épithalames composés par des poëtes du seizième siècle. On dit que le féroce Saint-Just versait, comme un enfant pris en flagrant délit, des pleurs qui n'étaient pas ceux de la rage. L'affaire dont vous m'avez parlé, a eu, je pense, une heureuse issue, grâce à l'habileté des personnes qui l'ont conduite. Il y a des gens qui avalent les moules dès qu'elles sont sorties de l'eau. Nous nous sommes beaucoup ennuyés au bal de la semaine dernière; l'orchestre mal dirigé n'y a produit qu'un ridicule effet : c'est assez vous dire qu'il était mauvais. Il faudrait bien que ces décombres fussent transportés hors de la ville, car ils obstruent la voie publique. Vous serez toute mon aide dans le malheur affreux où m'ont plongé les personnes que j'ai secourues. Il n'est pas étonnant que cette horloge ne sonne point; on ne l'a pas montée depuis huit jours. L'épée que vous avez prise, ne vous appartient pas : aussi est-on venu la réclamer aujourd'hui.

Cette table vous semble encore trop courte; il est nécessaire d'y adapter de nouvelles allonges. Il faut ensevelir dans un éternel oubli les haines de partis, que nous avons fomentées jusqu'à ce jour contre nos intérêts. Vous avez failli casser cette pédale en la heurtant avec votre pied. Je sais que la promenade est pour vous un délice; pour moi, je l'avoue, je fais consister toutes mes délices dans l'étude des sciences. Si cette hypothèse était une fois admise, elle donnerait lieu à d'étranges conséquences. Le voyage ne fut pas des plus heureux, car notre voiture versa en s'enfonçant dans de profondes ornières. Vous m'avez envoyé deux belles perdrix, je désirerais maintenant une couple de pigeons. L'aigle impériale s'étant déployée aux yeux de l'ennemi, chacun chercha son salut dans la fuite. Pâque sera bientôt venu; le temps s'écoule avec rapidité, et nous touchons à Pâques fleuries. Le virus de la rage se communique si facilement, qu'il suffit que l'épiderme soit enlevé, et que la moindre particule du venin se mêle au sang, pour qu'on soit atteint de cette terrible maladie. J'irai certainement vous voir un de ces après-midi, mes occupations ne m'ayant pas permis de le faire jusqu'à ce jour. L'élixir que vous m'avez envoyé, paraît avoir moins de vertus que vous ne me l'aviez annoncé. Il y a, j'en conviens, dans cette église, un orgue magnifique et sonore; mais les orgues de cette paroisse sont infiniment plus belles. On disait le second évangile, quand vous êtes entré. Cette enseigne a été placée beaucoup trop bas, il faut l'élever deux mètres plus haut. Votre mère a reçu un affront sanglant dont elle se souviendra toute sa vie. On rencontre dans beaucoup de livres ce vieil adage qui renferme un grand sens. Un érésipèle s'était déjà manifesté à la surface de la peau; il ne restait donc plus que ce parti à prendre.

Ce fut là, dit-on, qu'il conçut le plan de son poëme, et qu'il en exécuta une partie; mais ce n'était tout au plus qu'une ébauche imparfaite de celui qu'il a publié dans la suite. Comment aurais-je pu gagner? les seuls as qu'il avait gardés jusqu'à la fin du jeu, dérangeaient totalement mes projets. Pourquoi employer de vains artifices, quand la vérité seule doit triompher en ce jour? L'anniversaire de sa naissance fut célébré avec toutes les démonstrations de la joie la plus vive. L'épigraphe que vous avez mise à la tête de votre ouvrage, est tirée de la Nouvelle Héloïse. Il était trois heures du matin, quand un incendie terrible s'est communiqué à l'hôtel de la préfecture, qu'il a consumé en partie. Le peuple eût voulu absoudre ce général; mais les juges le condamnèrent à un exil perpétuel. L'opium, doué de propriétés si bienfaisantes, employé à plus forte dose, devient un poison très-énergique. A la suite de cette brûlure, il parut une ampoule très-douloureuse qui donna lieu à de vives inquiétudes. Pendant l'entr'acte, qui fut fort long, il s'éleva une rumeur qu'on eut de la peine à étouffer. Les fruits et les légumes que je récolte à ma campagne, sont d'un meilleur acabit que les vôtres. Au bruit de cette nouvelle, j'ai ressenti une angoisse terrible que le temps et la réflexion ont accrue. Les ennemis furent pris dans une embuscade qu'ils n'avaient pas prévue. On fit sur son nom une méchante anagramme qui donna lieu pourtant à une singularité remarquable. Cet arc de triomphe ne peut rester devant la porte de la ville; il faut le transporter plus loin. Il ne fallait pas pour cela, a-t-on dit, produire là disparate choquante de deux choses inconciliables. Je ne vous donne, messieurs, qu'une esquisse de leur conduite blâmable à tant d'égards.

Les crabes ne leur semblent pas bons, parce qu'ils ne les ont pas goûtés. Vous avez commis là un anachronisme qui ne saurait être souffert, et que chacun a remarqué. Il avait un long cigare, et paraissait plus heureux qu'un roi. On a célébré à St.-Pétersbourg le quarantième anniversaire de la naissance de l'empereur Alexandre. Quand on veut faire le commerce, on s'expose à tous les risques que court le négociant. Un aigle, soit qu'il vole au milieu des airs, soit qu'il se pose sur quelque rocher, porte de tout côté ses regards perçants, et tombe soudain sur sa proie, qui ne peut éviter ses ongles cruels. Je vous prie de me remplacer cet œuvre de Sacchini, qui m'a été dérobé cette semaine. Il ne faut confier aucune arme aux enfants ; trop de malheurs sont résultés du maniement d'une arme à feu qu'on n'avait jamais touchée ! Ayant vu la loutre sortir de l'eau par un temps clair et serein, nous fîmes feu sur cet animal. Des hécatombes furent ordonnées en l'honneur de cette victoire, et des hymnes furent chantés pendant la cérémonie. On assure que l'acte de résignation se trouve consigné dans diverses archives. Entre cette paroi et la vessie se trouve un tissu filamenteux. Les saxifrages sont abondantes dans ce pays, où elles n'ont pas besoin de culture. Il y a bien des gens d'un goût délicat, auxquels la glaire répugne. Que de primevères et de perce-neige se sont reproduites parmi ces touffes de violettes odorantes ! La jolie mésange va s'éloigner de nos berceaux de verdure. Mes amis, le bonheur est semblable à l'éclair ; il brille, et n'est plus. Un tel événement présente une ample matière au plus brillant épisode. C'est dans cette pharmacie qu'on trouve les meilleures jujubes. Ils portent les ongles du grand et du petit doigt, longs quelquefois de deux pouces. Il est probable que cette nouvelle apothéose n'aura qu'une représentation. On trouve dans La Fontaine des épichérèmes amenés fort adroitement. L'hypallage est très-commune chez les poëtes latins. Une nouvelle amnistie vient d'être conclue, mais non pas publiée. J'ai eu lieu de remarquer souvent de pareils tubercules sur plusieurs plantes indigènes. Ma fille s'est procuré dernièrement le second œuvre de Cimarosa, qui lui manquait.

> La beauté du visage est un frêle ornement,
> Une fleur passagère, un éclat d'un moment,
> Et qui n'est attaché qu'au seul épiderme.

Elle avait évité la perfide machine ,
Lorsque, se rencontrant sous la main de l'oiseau,
   Elle sent son ongle malin.

   Jamais idole, quelle qu'elle fût,
   N'avait eu cuisine aussi grasse.

   Le chanvre était tout à fait crû ;
L'hirondelle ajouta : Ceci ne va pas bien ,
   Mauvaise graine est tôt venue.

QUATRIÈME PARTIE.

EXERCICES SUR LA PONCTUATION.

Le Bon Père.

D'autres loueront en vers plus magnifiques,
De fiers vainqueurs, d'illustres conquérants;
Comme on ne voit, chez la plupart des grands,
Que faux honneurs que vertus fantastiques,
Pour mon héros, c'est Jacques que je prends.

De ses voisins, connu pour honnête homme,
Jacques était un pauvre charpentier,
Vivant content de son premier métier.
Mais l'ouvrier, tant soit-il économe,
Manque de tout, quand par malheur il chôme.
Il ne peut guère, avec son faible gain,
Garder, le jour, la part du lendemain.
Un mois entier, Jacques n'eut rien à faire;
Jacques pourtant était époux, et père
De quatre enfants qui demandaient du pain.
Quand il se vit sans un sou dans sa bourse,
Il vendit tout, malheureuse ressource
Qui le soutint à peine quelques jours!
Puis le voilà sans espoir, sans secours,
Voyant périr, faute de subsistance,
Sa tendre épouse et ses jeunes enfants.
Il sort, il court, et, pour Dieu, des passants,
En bégayant, implore l'assistance.

Il est partout éconduit, rebuté ;
Ou, si quelqu'un l'accueille avec bonté,
C'est l'indigent, l'orphelin ou la veuve,
Que le malheur met à la même épreuve.
Un ouvrier, du même état que lui,
Le rencontrant, le voit triste et farouche.
— Qu'as-tu ? — Je suis sans travail, sans appui ;
Ma femme meurt. — Ah ! ta peine me touche ;
Si je pouvais, tu serais soulagé.
Prends ces deux sous (c'est tout l'argent que j'ai).
En attendant une plus grosse somme,
Si tu croyais pouvoir t'y résigner,
Tu recevrais trente sous d'un jeune homme
Qui cherche un bras pour apprendre à saigner.
— M'y résigner !... Ah ! j'y cours avec joie,
Dit le pauvre homme, un peu moins consterné.
Au jeune artiste il est bientôt en proie,
Reçoit le prix du sang qu'il a donné ;
De l'autre bras se fait saigner encore,
Court acheter un pain bis que dévore
En un moment sa famille aux abois.
Ce qu'il a fait, hélas ! chacun l'ignore ;
Mais on n'entend qu'avec peine sa voix ;
Son bras est teint... — Ciel ! qu'est-ce que je vois ?
Ah ! mon mari !... mon père !... Chacun tremble ;
Epouse, enfants demandent tous ensemble :
« Qu'avez-vous fait ? — N'ayant rien à gagner,
Pour de l'argent je me suis fait saigner.
Que n'ai-je, hélas ! plus de sang à répandre !
Vous me verriez le verser, sans attendre
Que le besoin revienne de nouveau
Précipiter vos pas vers le tombeau. »

Ciel ! quel tableau pour les âmes honnêtes !
Grands, vous donnez des festins et des fêtes,
Quand, sous son toit, l'honnête infortuné
Manque de tout, et meurt abandonné.   (*Bouilliat.*)

Le Bon Voisin.

On ne pense qu'à soi : c'est le mot du vulgaire.
L'égoïste est partout; moi, je dis au contraire :
On trouve en tout pays des hommes vertueux,
Qui s'occupent toujours du sort des malheureux.

Dans un petit village, en basse Picardie,
Le feu prend, et bientôt cause un grand incendie.
L'alarme se répand, chacun crie au secours;
Simon vole au danger, sans craindre pour ses jours.
En vain redouble-t-il d'efforts et de courage ;
Le feu, loin de céder, s'anime davantage.
Tout brûle, tout s'écroule, et le village entier
Ne présente déjà qu'un immense foyer.
Tel le ciel en courroux tonne, et lance la foudre,
Confond les éléments, et réduit tout en poudre.
Enfin va s'embraser la dernière maison ;
Chacun veut la sauver : c'est celle de Simon.
Il aide ses voisins dans ce péril extrême,
Et leur donne ses soins, sans songer à lui-même.
On court le prévenir de ce prochain malheur.
Il paraît à l'instant, et saisi de frayeur :
« Amis, oubliez-moi, c'est dans cette chaumière,
Qu'il nous faut pénétrer, et sauver notre frère.
Infirme et sans secours, sans amis, sans parents,
Il doit compter sur nous. Ah ! s'il est encor temps,
Que tout ce que j'ai, brûle ! » Et soudain il s'élance.
En vain partout la mort le suit ou le devance ;
Rien ne peut arrêter ses efforts vigoureux.
A grands pas il arrive au lit du malheureux ;
Il le tient dans ses bras; toujours infatigable,
Il charge sur son dos ce fardeau respectable,
Traverse de nouveau ce brasier effrayant,
Sort enfin de ce gouffre, et revient triomphant.
Mais où trouvera-t-il sa juste récompense?

Le malheur suit de près ce trait de bienfaisance.
Du généreux Simon le toit brûle à son tour :
« Point de regret ! dit-il ; pour moi c'est un beau jour
Puisqu'à ce bon vieillard j'ai pu sauver la vie !
Ma fortune, il est vrai, vient de m'être ravie ;
Qu'importe ! un plus grand bien à mon cœur est resté :
Celui d'avoir ici servi l'humanité. »

Mais vous souffrez, lecteur ; Simon dans l'indigence !
Non, le ciel eut bientôt réparé ses malheurs.
Sur lui, sur ses enfants il versa l'abondance ;
Et, gravant sa mémoire au fond de tous les cœurs,
Prouva que la vertu n'est pas sans récompense.

(Maqueret.)

La Vente Frauduleuse.

Dans ce beau livre où Cicéron
Trace les règles de la vie,
Il cite une supercherie
Qui peut nous servir de leçon.

Un chevalier romain (Canius est son nom),
Homme instruit, jovial, de bonne compagnie,
D'Archimède voulut visiter la patrie.
Sa seule affaire était d'y trouver du plaisir.
Las de Rome, bientôt Syracuse l'ennuie.
Changeant d'objet sans cesse, il montre le désir
D'acheter un jardin où, sans cérémonie,
Loin des fâcheux, au sein d'une troupe choisie,
Se croyant ignoré de l'univers entier,
Il puisse en liberté mener joyeuse vie.
Son projet se répand. Pythius, gros banquier,
Se présente, et lui dit : J'ai trouvé votre affaire ;
Et ma maison des champs pourra, je crois, vous plaire.
Pour en faire l'essai, venez-y dès ce soir,
Vous en pourrez jouir comme de votre avoir,
Bien que ce ne soit pas mon dessein de la vendre.

Le jour pris, il prévient des pêcheurs de s'y rendre,
Distribue à chacun les postes, les emplois,
(Les ordres d'un Crésus sont comme autant de lois).
Notre homme, au rendez-vous ne se fait pas attendre.
Tout était prêt d'avance; un splendide festin,
Les mets les plus friands, grande chère et bon vin.
Au sortir de la table, on descend au rivage;
Des barques, des filets couvraient toute la plage.
Des poissons monstrueux, comme autant de tributs,
Venaient se déposer aux pieds de Pythius.
Le chevalier romain, tout hors de lui, s'écrie :
« Quel spectacle charmant! Dites-moi, je vous prie,
Quel est donc ce concours de barques, de pêcheurs?
—N'en soyez pas surpris, dit le banquier habile;
Ce lieu-ci de poissons fournit toute la ville :
C'en est le réservoir; on ne prend rien ailleurs.
Les gens que vous voyez sont dans ma dépendance. »
Canius, cachant mal sa vive impatience :
« Votre maison m'enchante, ô mon cher Pythius,
Je serai trop heureux, si vous voulez la vendre! »
Celui-ci fait d'abord semblant de s'en défendre;
L'autre le presse; il cède après de longs refus.
Vous jugez, sur le prix, qu'on ne disputa guère.
Le marché se conclut, on termine l'affaire,
L'acquéreur, à son tour, invite au lendemain
Ses amis à venir admirer son jardin.
Il s'y rend des premiers, court d'abord à la rive,
Fort étonné de voir que personne n'arrive.
Enfin il aperçoit un villageois voisin :
« Dites-moi, mon ami, chôme-t-on quelque fête?
Point de pêcheurs ici! Qu'est-ce qui les arrête? »
« Ma foi! je n'en sais rien; mais il n'en vient jamais,
Répond le villageois, en secouant la tête.
Hier j'étais surpris de ce que je voyais. »
Canius d'enrager, de se mettre en colère;
Mais il fallut souffrir, car que pouvait-il faire?
On n'avait point encor, par une sage loi,
Mis un frein salutaire à la mauvaise foi.   (*Kérivalant.*)

L'Enfant bien corrigé.

Le pauvre Nicolas, tout courbé sous le poids
D'un énorme fagot, s'en revenait du bois,
Un soir, beaucoup plus tard que selon la coutume.
En marchant, il disait d'un ton plein d'amertume :
La pauvre Marguerite est bien triste à présent ;
  Elle s'inquiète, elle pleure ;
   Hélas ! chaque moment
  Lui paraît long, long comme une heure !
Antoine est triste aussi ; c'est un si bon enfant !
  C'est tout le portrait de sa mère.
  Si le ciel nous aide, j'espère
  Qu'il sera juste et bienfaisant.
Cet espoir est bien doux.... Mais, voici que j'approche !
Ils seront consolés, quand ils me reverront ;
Comme ils seront joyeux ! Comme ils m'embrasseront !
  Mais, s'ils me font quelque reproche,
Je leur dirai pourquoi j'ai tardé si longtemps ;
Au lieu de m'en vouloir, ils seront bien contents.
  Tout en raisonnant de la sorte,
  Nicolas arrive à la porte ;
Il entre, il voit sa femme assise près du lit.
  Sur la traverse de la chaise
Sa tête est renversée : elle pleure et gémit ;
Son fils est à genoux ; il tient, il presse, il baise
Sa main qu'elle paraît vouloir lui retirer.
— Cessez, dit Nicolas, cessez de soupirer.
Me voilà bien portant.... Est-ce ainsi qu'on m'embrasse ?
Vous ne me dites rien ! Mon fils, tu ne viens pas
  Te jeter dans mes bras !
  Une caresse me délasse,
Tu le sais bien. Viens donc.... Ils veulent me punir !
Ne boudez plus. Tenez, mettez-vous à ma place ;
Voyez si je devais plus tôt m'en revenir.
J'avais fait mon fagot ; je sortais du bocage

(Il n'était pas encore absolument bien tard),
Quand j'y vois arriver un malheureux vieillard ;
  Il est, je crois, de ce village
Que, par notre fenêtre, on aperçoit là-bas.
Il se traînait à peine. « A voir votre démarche,
   Lui dis-je, patriarche,
  Vous semblez déjà las ! »
  Il me répond par un *hélas !*
Qui me fait grand'pitié. Vite, je prends ma hache,
Je lui coupe un fagot (je ne le fais pas gros,
Il ne l'eût pas porté); de deux harts je l'attache,
   Et le mets sur son dos.
  Il me remercie et me quitte.
Je veux doubler le pas, pour arriver plus vite ;
  La neige tient à mes sabots,
Et m'empêche.... Quoi donc ! ma chère Marguerite,
Encore des soupirs ! encore des sanglots !
Tu ne pardonnes point ! Tu ne m'aimes donc guère ?
Je ne l'aurais pas cru. Marguerite, à ces mots,
Le prenant par la main, lui dit : « Malheureux père,
Pourrais-tu désirer d'être aimé de la mère
   Du fils le plus méchant ? »
— Antoine méchant ! Lui ! Non, non, son caractère
Est bon, je le connais. Il est encore enfant,
Il aime à folâtrer : c'est le droit de son âge ;
  Mais laisse faire ; en grandissant,
  Il sera bon et sage.
— Dis plutôt cruel. — Non, je le promets pour lui.
Antoine, tu devrais le promettre toi-même,
Et tâcher d'apaiser une mère qui t'aime.
Mais approche ; dis-moi, qu'as-tu fais aujourd'hui
Pour la fâcher ? Réponds, puisque je le demande.
Vous vous cachez, mon fils ! La faute est donc bien grande ?
— Très-grande, cher époux, mais il en est honteux :
C'est bon signe. — Dis-moi ce que c'est. — Tu le veux ?
  Tu seras fâché de l'entendre ;
Mais enfin tu le veux, tu le sauras. Ce soir,
  Comme il m'ennuyait de t'attendre,

J'ouvrais de temps en temps la porte, et j'allais voir
   Si tu venais. Une fauvette
   Entre avec moi dans la maison,
   Puis se blottit sur la couchette.
   Elle grelottait ; la saison
   Est pour cela bien assez dure.
   Je la réchauffais dans mon sein,
   De mon haleine et sous ma main,
Lorsque je vois entrer la fille de Couture,
La petite Babet. La pauvre créature,
   En tombant sur des échalas,
Dans sa vigne ici près, s'est déchiré le bras.
   Elle pleurait, et sa blessure
   Saignait beaucoup. Ce n'est pas moi
   Qu'elle demandait, c'était toi.
Voyant que tu tardais, et qu'elle était pressée,
   Comme j'ai pu, je l'ai pansée ;
    Pour la panser, j'ai pris
    Le baume du pot gris.
Est-ce bien celui-là ? Me serais-je trompée ?
— C'est bon. Après. — Tandis que j'étais occupée
A tout cela, ton fils, à qui j'avais donné
La fauvette à tenir, dans un coin s'est tourné,
Et puis... — Achève donc... — Et puis il l'a plumée.
   — Quoi ! plumée ? — Oui, par tout le corps,
Hors les ailes pourtant. La porte était fermée ;
Il a bien su l'ouvrir pour la mettre dehors.
   Elle a volé, la malheureuse !
   Elle volait en gémissant ;
   J'entendais sa voix douloureuse,
Qui me saignait le cœur... Nous aurons un méchant.
Juge ce qu'il fera, s'il devient jamais grand !
Voilà, mon bon ami, ce qui me désespère !
Aurais-tu fait cela, quand tu n'étais qu'enfant ?
   Moi qui disais à tout instant :
« Mon cher Antoine aura la bonté de son père ; »
Aussi je l'aimais trop. Que Dieu m'en punit bien !
   — Va, va, console-toi, ma chère,

Sèche tes pleurs, et ne crains rien.
Il est là-haut une justice
Aux bons parents toujours propice.
S'il doit être un méchant, le ciel nous l'ôtera ;
Non, jamais il ne permettra....
Approche-toi, mon fils ; viens, viens, que je t'embrasse,
Que je t'embrasse, hélas ! pour la dernière fois.
Tu fais bien de pleurer ; je pleure aussi, tu vois ;
Mets la main sur mon cœur... tiens, c'était là ta place,
Car je t'aimais, Antoine, et c'était mon bonheur.
Je ne t'aimerai plus... Oh ! si fait ; j'ai beau dire,
Je t'aimerai toujours, ce sera ma douleur.
Ciel ! j'aimerai donc un... J'ai peur de te maudire.
Il faut les ramasser, les plumes de l'oiseau,
Et les pendre à ce soliveau.
Ramasse-les, ma femme ;
Quand nous l'aimerons trop, nous les regarderons ;
En les regardant, nous dirons :
Il ne faut point aimer une aussi méchante âme.
Ce pauvre oiseau... (mon fils, reste sur mes genoux),
Ce pauvre oiseau, crois-tu que la seule froidure
L'ait amené chez nous ?
Non, c'est l'auteur de la nature,
Qui le mettait entre nos mains :
C'était nous ordonner de lui sauver la vie.
Il prend soin des oiseaux tout comme des humains,
Et vous l'avez plumé !... S'il me prenait envie
De vous envoyer, nu, passer la nuit au froid,
(Vous m'en avez donné le droit),
Vous n'auriez pas à vous en plaindre ;
Mais je serais méchant, je vous ressemblerais ;
Et plus que vous, j'en souffrirais.
Ne tremble point, mon fils ; va, tu n'as rien à craindre,
Car je sens que je t'aime et t'aimerai toujours.
J'espérais que, dans la vieillesse,
De ta mère et de moi tu serais le secours...
Et tu vas abréger nos jours,
Par les chagrins et la tristesse !

—Ah! maman, ah! papa, baisez-moi de bon cœur ;
Non, vous ne mourrez pas de chagrin, de douleur.
        Tout le bien que je pourrai faire,
        Je vous promets, je le ferai ;
Je serai bon enfant, je vous ressemblerai.

        Aisément un père, une mère
Se laissent attendrir. Antoine eut son pardon.
        Il tint sa promesse, il fut bon ;
        Il fut si vertueux, si sage,
        Qu'on le montrait, dans le canton,
        A tous les enfants de son âge.
Un jour qu'il regardait tristement au plancher,
Sa mère, qui le vit, alla prendre une échelle.
        —Monte, mon fils, monte, dit-elle ;
        Et va promptement détacher
Les plumes de l'oiseau. C'est là ce qui t'afflige ;
        Jette-les au feu, ne crains rien,
                Ton père le veut bien.
Tu le veux? n'est-ce pas? — Oui. — Jette-les, te dis-je,
        Et qu'il n'en reste aucun vestige.
        —Non, maman, je les garderai,
        A mes enfants, si Dieu m'en donne,
        En pleurant, je les montrerai ;
        En même temps je leur dirai :
Un jour, je fus méchant, et maman fut trop bonne.
                        (*Le Monnier.*)

Le Pigeon et l'Hirondelle.

        Près de succomber à la peine,
L'un de ces deux pigeons dont le bon La Fontaine
        Immortalisa l'amitié
(C'était le moins heureux), survivait à son frère,
        Et son destin faisait pitié.
Un matin, dans son lit devenu solitaire,
Comme le premier jour, il pleurait son malheur,

Quand une imprudente hirondelle
Vint s'y réfugier, fuyant l'arme cruelle
Et les réseaux d'un habile chasseur.
L'oiseau craintif traînait une longue ficelle ;
Un plomb brûlant l'avait frappé,
Et les traces de sang, qui coloraient son aile,
Disaient à quels dangers il avait échappé.
Sa frayeur, sa blessure et ce triste équipage
(O souvenir trop douloureux)!
Tout rappelle au pigeon son frère, et ce voyage
Qui, la première fois, les sépara tous deux.
Ému par cette souvenance,
Et prodigue de tendres soins,
Il panse le blessé, le réchauffe, et d'avance
Semble deviner ses besoins.
De sa couronne de verdure,
Avril déjà s'embellissait ;
Flore, de ses parfums embaumait la nature ;
Au souffle du printemps la terre renaissait.
Une abondante nourriture,
Un abri contre la froidure,
Un ami, le plus doux des biens,
Tout, de leur union resserrait les liens.
Avec la crédule espérance,
Dans le cœur du pigeon rentrait la confiance.
Elle dura peu, son erreur !
L'automne s'annonçait à peine,
A peine du soleil décroissait la chaleur,
Que déjà l'oiseau voyageur
S'apprêtait à partir pour la rive lointaine.
« Eh quoi ! sitôt m'abandonner,
Moi qui de vous aimer m'étais fait l'habitude ? —
Garde-toi de me soupçonner
D'inconstance ou d'ingratitude ;
Je vais, sous de plus doux climats,
Passer la saison des frimas ;
Mais, du printemps riante messagère,
Avec lui, près de toi, je reviendrai, mon frère...

Déjà souffle Borée ; il faut quitter ces lieux ;
  Surtout pas de tristes adieux :
Je pars, et le chagrin ne vaut rien en voyage. »

Ainsi les faux amis entourent l'homme heureux ;
Et, semblables en tout aux oiseaux de passage,
  Les ingrats s'éloignent comme eux
  Au moindre souffle de l'orage.   (*Naudet.*)

Le Paon et le Rossignol.

Un paon vantait son beau plumage,
Un rossignol, son joli chant.
Se louer ainsi n'est pas sage ;
Mais que de gens en font autant !
Le paon dans son orgueil extrême,
Méprisait tout hors la beauté :
Le rossignol, de son côté,
Mettait le chant au rang suprême.
La nuit survint fort à propos
Pour terminer cette querelle.
Le plus éclatant des oiseaux
Se perdit dans l'ombre avec elle ;
Et les accents de Philomèle
Acquirent des charmes nouveaux.

Tel est l'avantage ordinaire
Qu'ont sur la beauté les talents :
Ceux-ci plaisent dans tous les temps ;
Et l'autre n'a qu'un temps pour plaire.
    (*Vitallis.*)

L'Enfant et le Léopard en peinture.

Certain enfant, d'un caractère aimable,
(Je le connais, mais qu'importe au lecteur)?
  Vit un léopard effroyable,

Non pas en vie, il serait mort de peur,
Mais seulement dans un livre, en peinture,
Représenté d'après nature,
Par un célèbre voyageur.
L'enfant d'abord frémit à cette vue,
Puis, de sa main fermée, il frappe l'animal :
« Je te tiens aujourd'hui, toi qui fais tant de mal !
Dit-il ; bête féroce, il faut que je te tue. »

C'est ainsi que, de loin, nous bravons des objets
Qui glacent de frayeur quand on les voit de près.

(Barbe.)

———

Le Gouvernail et les Rames.

L'oisiveté, dit-on, de tout vice est la mère :
D'accord ; mais ne confondons pas
Le travail de la tête avec celui des bras.
Siége de la pensée, il faut que la première
N'agisse que dans le repos ;
Et souvent on la croit oisive,
Lorsque sa prévoyance active
Nous garantit des plus grands maux.

Les rames d'une galère
Insultaient le gouvernail ;
Elles disaient en colère :
Nous faisons tout le travail,
Et quel en est le salaire ?
Monsieur nous regarde faire.
Gouvernail paresseux, inutile instrument,
Réponds du moins... Voyez s'il bouge seulement !
Comme elles tenaient ce langage,
Tout à coup s'élève un orage,
Et vogue la galère ! Un vent impétueux
La livre à la merci des flots tumultueux.
Voilà nos rames fort en peine !

On les voit tour à tour s'élevant, s'abaissant,
 Pour fendre la liquide plaine.
 Le danger va toujours croissant.
 En vains efforts elles s'épuisent;
Enfin contre un écueil voilà qu'elles se brisent!
Le gouvernail alors, agissant à propos,
 Maîtrise la vague indocile,
 Et, par une manœuvre habile,
Sauve le bâtiment de l'abîme des flots.

 Je compare à cette galère
Le vaisseau de l'État, qu'un seul doit commander.
Obéir au pilote, et le bien seconder,
 C'est ce qu'on a de mieux à faire.   (*M. B.*)

L'Abeille et l'Écolier.

 Des fleurs nouvellement écloses,
 Pour composer un nectar précieux,
Une abeille cueillait le suc délicieux.
Elle errait sur le thym, l'amarante, les roses,
 Le serpolet, le myrte, ami des dieux.
Un jeune adolescent qui parcourait ces lieux,
Immobile, craignant de lui porter obstacle,
Jetait sur son travail un regard curieux.
Il s'avance surpris... Mais quel nouveau spectacle
Vient encore étonner son esprit et ses yeux!
 Dans une ruche transparente,
 Il voit une grande cité,
Cité nombreuse, où de chaque habitante
 Il admire l'activité,
L'ardeur, la force et la dextérité.
 La trompe toujours agissante
Ignore l'art d'user d'un secours emprunté;
 Elle travaille et se tourmente
Pour les divers besoins de la société.
 Chacun a sa tâche, elle augmente

Selon l'âge, le temps et la nécessité.
L'une forme la cire, et l'autre la cimente,
Pour bâtir des maisons à la communauté.
　　Dans un réservoir apprêté,
L'autre met en dépôt cette liqueur charmante
　　Dont on nourrit un jeune enfant gâté.
　　　　Un roi... disons mieux, une reine
　　　　Leur dicte un ordre respecté ;
Partout on exécute avec docilité
　　　　Les décrets de la souveraine.
　　　　L'écolier était enchanté.
　　　　Dieu ! disait-il, quelle merveille !
Filles du ciel, quelle est votre sagacité !
　　Que j'aime à voir, dans mon oisiveté,
　　　　Cette sagesse sans pareille,
Ce bel ordre, cet art, cette vivacité,
　　　　Et cette ardeur qui me réveille !
　　Il louait tout, lorsqu'une jeune abeille,
　　　　Après l'avoir bien écouté,
D'une voix bourdonnante, et sans obscurité,
　　　　Lui siffla ces mots à l'oreille :
　　　　« Dans cet ouvrage si vanté,
« Adore et reconnais plutôt la Providence.
« Son doigt nous a tracé le plan et l'ordonnance
　　　« Des cases que nous bâtissons.
« Elle a marqué les fleurs, et nous les choisissons ;
« Soumises à sa voix, à ses décrets suprêmes,
　　« Notre mérite est de suivre sa loi.
« Si nous formons le miel, ce n'est pas pour nous-mêmes,
　　　« C'est pour les hommes, c'est pour toi.
« Ainsi, jeune mortel, qui que tu puisses être,
　　　« Remplis comme nous ton emploi,
« Et sache qu'ici-bas le ciel ne t'a fait naître
« Que pour le servir, lui, la patrie et ton roi. »

　　　　　　　　　(*Marin*).

La Marmotte et la Taupe.

« De dormir six mois de l'année,
Ne vous corrigerez-vous point,
Commère ? Si j'étais paresseuse à ce point,
J'aimerais mieux n'être pas née.
Quelle honte ! quel abandon !
Est-ce en dormant ainsi , qu'on veille à sa maison ? »
Disait à la marmotte une taupe, étonnée
De se trouver tant de raison,
Et dont l'orgueil perçait à travers le haut ton.
La marmotte reprit : « Je suis ma destinée;
Chacun son lot; le vôtre est, en toute saison,
Bien fâcheux, au rapport des mulots vos confrères ;
Ils disent de vos yeux, qu'ils sont faits de façon
Que, l'an entier, à vos affaires,
Ou vous ne voyez point, ou vous ne voyez guères ;
Cette infirmité-là vaut bien mon long sommeil :
Je ne sais s'il est quelque affaire,
Qui tienne quatre jours contre un vice pareil.
Quant à moi, sitôt mon réveil,
Je vaque aux miennes, ma commère,
Et, durant six mois pleins, rien ne vient m'en distraire. »
La marmotte n'achevait pas,
Que, dans un piége, à quelques pas,
La taupe, qui l'avait si rudement tancée,
Alla, faute d'y voir, donner tête baissée,
Et subit, sans mot dire, un douloureux trépas.

Cette fable apprend à l'enfance
A ne pas reprocher aux gens
Des défauts naturels, des vices de naissance,
Surtout lorsque soi-même on en a de plus grands.

(Aubert.)

Corrigé, Cacographie.   9

Les deux Enfants.

Un jour Perrinet et Colin,
Deux enfants de même âge, entrés dans un jardin,
S'égayaient à la promenade,
Et sous des marronniers faisaient mainte gambade.
Ils trouvèrent sur le gazon
Un fruit plein de piquants, fait comme un hérisson.
Colin le ramassa ; son petit camarade
Le crut un sot : « Tu tiens, dit-il, un mets
Des plus friands pour les baudets ;
C'est un chardon, et ton goût est étrange :
Pour moi, je vois des pommes d'or,
Voilà mon fait, et la main me démange. »
Perrinet, à l'instant, se saisit d'une orange,
Et croit posséder un trésor.
(La couleur du métal que l'univers adore,
Séduit jusqu'aux enfants.) Celui-ci bien joyeux,
Admire un si beau fruit, et s'imagine encore
Qu'il est d'un goût délicieux.
Il y fut attrapé, notre petit compère ;
Car cette orange était amère.
Aussitôt qu'il en eut goûté,
Il la jeta bien loin. Colin, de son côté,
S'était piqué les doigts ; mais sa persévérance
Surmontant la difficulté,
Trouve un marron pour récompense.

Ce marron hérissé figure la science,
Qui, sous des dehors épineux,
Cache d'excellents fruits ; au lieu que l'ignorance,
Sous une riante apparence,
Produit des fruits amers et souvent dangereux.

                                        (Richer.)

La Modestie.

Lorsque Jupiter prit le soin
D'assigner aux vertus leur rang auprès de l'homme,
Celle qui méritait la pomme,
La Modestie, était demeurée en un coin ;
Elle fut oubliée, on ne la voyait point.
« O vous, que la grâce accompagne,
Lui dit le dieu, les rangs sont déjà pris,
Mais des autres vertus vous serez la compagne,
Vous en rehausserez le prix. »   (G.)

Le Roi, le Paysan et l'Ermite.

Un roi tourmenté d'insomnie
(On m'a dit que ce mal était le mal des rois),
Vit à la chasse un villageois
Etendu dans une prairie,
Qui reposait si doucement
Et dormait si profondément,
Que du triste monarque il excita l'envie.
Au même endroit un ermite passait,
Homme sage et qu'alors partout on respectait,
Faisant peu de sermons, ne prêchant que d'exemple :
De toutes les vertus son cœur était le temple.
Le roi l'arrête et lui dit : « Homme saint,
De grâce, enseignez-moi pourquoi ce misérable,
Que le malheur poursuit, que la fortune accable,
Malgré les maux qu'il souffre, et malgré ceux qu'il craint,
Bien loin de désirer le ciseau de la Parque,
Dort si paisiblement, et bien mieux qu'un monarque.—
« Sire, répond l'ermite, un pauvre villageois
Ne condamne personne, et ne fait point de lois ;
Jamais l'ambition ne trouble sa pensée ;
Des fautes qu'il commet seul coupable et puni,
Ses chagrins sont l'impôt, la taille, la corvée.

Il travaille pour vous, et vous veillez pour lui ;
De plaisirs et de maux ce consolant partage,
D'un Dieu juste et clément est l'immortel ouvrage
Vous avez tous les biens, ils ont tous les travaux ;
Vous avez les remords, ils ont le doux repos.
Rois, qui nous gouvernez , portez mieux vos couronnes ;
Que les honnêtes gens soient vos seuls favoris ;
  Et, pour mieux dormir dans vos lits,
  Dormez un peu moins sur vos trônes. »

Ainsi parla l'ermite, et le roi furieux
  Le fit punir, et n'en dormit pas mieux.
     (*Ségur aîné.*)

Le Papier, l'Encre, la Plume et le Canif.

  Certain disciple d'Uranie,
D'un manuscrit, dont il était l'auteur,
Se promettait pour lui gloire infinie,
  Et grand profit pour son lecteur.
  L'homme, en son livre, allait apprendre
A corriger ses mœurs, à mieux régler ses vœux ;
Il y donnait enfin, à qui saurait l'entendre,
  Le beau secret de vivre heureux.
  Un soir que de cette chimère
Sa vanité l'entretenait tout bas,
  Un bruit soudain vint le distraire ;
Et le voilà témoin auriculaire
  Du plus étrange des débats.
  Les querelleurs étaient la plume,
  Le papier, l'encre et le canif.
  Tous quatre, du ton le plus vif,
Se disputaient l'honneur de l'éloquent volume.
  « Sans moi, leur disait le papier,
N'en doutez pas, le plan de cette œuvre immortelle,
  Serait encor dans la cervelle
  Du grave auteur qui va la publier.

— Fort bien, mon très-blême compère !
Répondit l'encre avec aigreur ;
Dis-moi pourtant, et sois sincère,
Dis ce que, de ta peau, l'écrivain eût pu faire
Sans le beau noir de ma couleur.
— Comme chacun de vous parle à son avantage !
Que vous l'entendez bien ! ajoutait à l'instant
La plume, comme on sait, sujette au bavardage ;
J'admire votre ton ; sans mon bec, cependant,
Seriez-vous l'un et l'autre ici du moindre usage ?
      — Oh ! oh ! le propos est plaisant,
Dit enfin le canif ; et te voilà bien vaine ?
A qui dois-tu ce bec que tu nous vantes tant ?
      Il était clos, qu'il t'en souvienne,
Et le serait encor sans mon acier tranchant.
    Là, de leur part, cessa toute apostrophe ;
      Et, grâces à leur vanité,
Dans cette affaire-ci, monsieur le philosophe
      Pour rien fut à peu près compté.

Qu'on ne s'étonne point de leur folle jactance ;
    C'est celle de beaucoup de gens,
Qui, bien que mis en œuvre en choses d'importance,
   N'en sont pas moins, malgré leur suffisance,
    De mécaniques instruments.   (*Mugnerot.*)

Le Mérite et le Hasard.

On m'a conté qu'au temple de la gloire,
A son tour, le mérite un jour voulut entrer :
   Or vous pouvez déjà vous figurer
   Des envieux la méchanceté noire,
Ce qu'il eut de périls, d'obstacles à braver !
Il ne sait point ramper : ainsi vous pouvez croire
   Qu'il était tard lorsqu'il put arriver ;
   Mais vous pensez au moins qu'il dut trouver
   Le temple ouvert et la couronne prête,

Qu'on l'accueillit, qu'on lui fit fête.
Vous vous trompez, le temple était fermé ;
Le mérite, aux refus doit être accoutumé,
Il ne se plaignit point, on sait qu'il est modeste.
Près de lui cependant un aveugle portier,
De temps en temps, sans se faire prier,
Ouvrait à mille fous qui marchaient d'un air leste ;
Sans examen, il les faisait entrer ;
Leur course était rapide, et leur chute était prompte.
Arrivés pleins d'orgueil, ils sortaient pleins de honte,
Et pas un d'eux n'y pouvait demeurer.
Au mérite, à la fin, le vieux portier s'adresse,
L'appelle par caprice, et, le tirant à part,
Lui dit : « Votre froideur me surprend et me blesse ;
Vous comptez sur vos droits aux yeux de la déesse ;
Vous m'avez méprisé, mais vous entrerez tard,
Et je prétends faire un exemple,
Pour prouver que la clé du temple
Ne sort pas des mains du Hasard.
— Je sais quelle est ton injuste puissance,
Dit le mérite, et j'en connais l'excès ;
Mars le laisse son glaive, et Thémis, sa balance.
Arbitre des revers, arbitre des succès,
Ici tout est soumis à ton pouvoir funeste ;
De ce temple, à ton gré, tu peux donner l'accès,
Mais le mérite seul y reste.   (*Ségur aîné.*)

L'Oiseau et l'Amandier.

Un jeune oiseau, perché sur un prunier,
Vit tout à coup un amandier :
« Le bel arbre ! dit-il, et quel charmant feuillage !
Allons goûter ses fruits ; je gage
Qu'ils sont mûrs et délicieux. »
A ces mots, fendant l'air d'un vol impétueux,
L'oiseau bientôt, ainsi qu'il le désire,

Se trouve transporté sur l'arbre qu'il admire ;
        Lors, aux amandes s'attachant,
Il veut les entamer, mais inutilement,
Et de son bec, en vain, il épuise la force :
« Ce fruit, dit-il, est dur, amer et dégoûtant. »

Ne nous étonnons pas de son raisonnement,
        Il ne jugeait que sur l'écorce.

                          (*Mad. de Genlis.*)

Le Cygne et l'Oie.

Un riche, à la campagne, et pour son agrément,
Nourrissait avec soin un cygne avec une oie :
        Tous deux avaient un plumage d'argent ;
        Tous deux faisaient son bonheur et sa joie.
Le cygne, au sein des eaux, par son chant amoureux,
Réjouissait son maître et tout le voisinage.
L'oie, un jour de festin, en pompeux étalage,
Devait offrir sur table un mets délicieux.
        Ce jour arrive ; un repas somptueux
Est commandé. Sur l'oie aussi blanche que grasse,
        Le cuisinier, suivant l'ordre reçu,
            Se dispose à faire main-basse ;
        (C'était le soir.) Par la couleur déçu,
        Pour l'oie, ô ciel, le bourreau prend le cygne.
        Ce pauvre oiseau, bec ouvert, cou tendu,
Allait périr. Soudain, par un bonheur insigne,
        Trompant du sort l'influence maligne,
        Il fait entendre un chant plein de douceur.
        Qui fut penaud ? le cuisinier sans doute.
Tout aussitôt vers l'oie il dirige sa route,
Et, par un prompt trépas, répare son erreur.

        Heureux celui qui, dans la fleur de l'âge,

Fait provision de talents.
Si le savoir est utile en tout temps,
Au sein de l'infortune il l'est bien davantage.
Dans l'exil ou dans l'esclavage,
Pauvres et maudissant l'inclémence du sort,
J'ai connu maint grand personnage
Que leurs talents ont sauvés de la mort.

(Boinvilliers.)

TABLE.

———◆———

INTRODUCTION.

EXERCICES.

PREMIÈRE PARTIE.

DEUXIÈME PARTIE.

FIN.